W0033545

Pierre Stutz

Geh hinein in deine Kraft

Pierre Stutz

Geh hinein in deine Kraft

50 Film-Momente fürs Leben

FREIBURG · BASEL · WIEN

3. Auflage 2016

© Verlag Herder GmbH, Freiburg im Breisgau 2015
Alle Rechte vorbehalten
www.herder.de

Umschlaggestaltung: wunderlichundweigand, Stefan Weigand
Umschlagmotiv: © Shutterstock
Satz: de·te·pe, Aalen
Herstellung: CPI books GmbH, Leck

Printed in Germany

ISBN 978-3-451-34219-6

Inhalt

Für Stephan Sager,
in freundschaftlicher Dankbarkeit

Vorwort

Ich bin mit einer großen Hoffnung unterwegs, dass in uns allen eine unerschöpfliche Kraftquelle zu finden ist. Und das nicht nur in leichten, lustvollen Lebenserfahrungen, sondern auch im mühsamen Durchschreiten von Durststrecken und Verunsicherungen. Als spiritueller Begleiter ermutige ich mich und andere, mit Achtsamkeit in ihre eigene Kraft hineinzugehen, weil dadurch eine göttliche Kraft noch mehr durch uns aufscheinen kann. Es bleibt eine lebenslange Aufgabe, sich nicht verbiegen zu lassen durch die Meinungen anderer und berufliche Sachzwänge. Eine starke Herausforderung! In sieben Schritten zeige ich in diesem Buch auf, wie dies gelingen kann. In meiner 20-jährigen Kurs- und Vortragsarbeit hat sich herauskristallisiert, wie heilsam es sein kann, wenn wir die Angst vor unserer Größe verlieren, ohne größenwahnsinnig zu werden.

Diese Lebenskunst entfalte ich im vorliegenden Buch auch anhand vieler Kinofilmgeschichten, in denen mir ganz unterschiedliche Menschen begegnen, die zu ihren Kraftquellen finden. Seit 45 Jahren gehe ich leidenschaftlich gerne ins Kino, weil ich auch dort tief angerührt werden kann und Momente erlebe, in denen ich voll da bin – und ganz weg. Das Weitererzählen von ermutigenden Lebensgeschichten ist ein wesentlicher Beitrag auf einem Weg zu einer Welt, die gerechter und zärtlicher werden kann. Auch wer die erwähnten Filme nicht gesehen hat, kann in diesen Hoffnungsgeschichten eine Bestärkung zu seinem ureigenen Lebensweg finden. Darum geht es auf einem spirituellen Weg: sich nicht blenden zu lassen von Stars, sondern seinen eigenen Kraftstern entdecken.

Wie nahe Kraft und Kraftlosigkeit beieinander sein können, drücke ich auch mit meinen Gedichten aus. Sie möchten zusammenfassen, wofür es sich zu leben lohnt.

Mit kurzen »Kraftübungen« für den Alltag schließe ich jedes Kapitel ab, als Bestärkung, sich in der Aktivität zu erinnern, mehr zu sein als sein Gedankenkarussell, mehr zu sein als Erfolg und Scheitern, mehr zu sein als Verwundungen und Entschiedenheit. Eine gute Balance lässt sich im regelmäßigen Schöpfen aus seiner Kraftquelle finden. Sie richtet uns auf zu uns selbst und zu einem solidarischen Miteinander.

Lausanne, 21. Juli 2015   Pierre Stutz

Zur Einstimmung

»Boyhood« heißt der Film des amerikanischen Regisseurs Richard Linklater, der mir im Sommer 2014 beim Schreiben meines Buches als Glücksfall entgegenkam. Während 12 Jahren hat Linklater in diesem originellen Spielfilm die Filmcrew für ein bis zwei Wochen zusammengeführt, um das Heranwachsen von Mason überzeugend filmen zu können. Beim Drehbeginn war der Hauptdarsteller Ellar Coltrane sechs Jahre alt und am Schluss des Films steht er als selbstbewusster 18-jähriger Collegestudent da. Mason wächst mit seiner alleinerziehenden Mutter und seiner Schwester Samantha auf (auch stark gespielt von Lorelei Linklater, der Tochter des Regisseurs). Die beiden Kinder treffen ihren Vater regelmäßig. Ihre Mutter heiratet noch zweimal und lässt sich ebenso oft scheiden. In diesen turbulenten Patchwork-Familiensituationen sucht und geht Mason seinen Weg. Die Schauspieler werden in diesem Film nicht durch die Maskenbildnerkunst älter, sondern durch ihr natürliches Wachsen, was einmalig ist in der Filmgeschichte. Ich bewundere allein schon diesen Mut und diese Beharrlichkeit, während 12 Jahren einen Film entstehen zu lassen. Es tut mir unglaublich gut, dass dieser leise Film, in dem ich auch herzhaft lachen kann, jetzt schon Kultstatus hat und sich dank der vielen Zuschauenden wochenlang in den Kinos hielt. Im Februar 2014 hat dieses Meisterwerk bei der Berlinale den Silbernen Bären erhalten. Publikum und Kritik waren begeistert: »Wenn es echte Magie gibt, dann steckt sie in diesem Film«, schrieb die *Berliner Morgenpost*. Im Herbst 2014 gewann er den renommierten Europäischen FIPRESCI-Preis und im Dezember 2014 den Preis der New Yorker Kritiker. Bei der Oscarverleihung Ende Februar 2015 erhielt Patricia Arquette die Auszeichnung als beste Schauspielerin in einer Nebenrolle für ihr hervorragendes Spiel als alleinerziehende Mutter in »Boyhood«.

Im Innersten berührt

Als Zuschauer werde ich in diesem Film ganz nah an meinen eigenen Reifungsprozess herangeführt. Ohne den Regisseur vereinnahmen zu wollen, sehe ich dieses würdevolle und achtsame Begleiten eines Menschen über einen längeren Zeitraum als zentralen spirituellen Vorgang. Darum gehe ich seit 45 Jahren so leidenschaftlich gerne ins Kino. Dort erfahre ich immer wieder Momente, in denen ich im Innersten tief angerührt werde. Raum und Zeit sind wie aufgehoben – in gewissen Filmszenen erlebe ich Zeitlosigkeit, weil meine Sehnsüchte, Ängste und Hoffnungen in Bild und Wort verdichtet sind. So fühle ich mich gesehen, angesprochen, entlassen zu mir selbst. Ich kann meine Einmaligkeit entdecken, indem ich mein Leben in etwas Größerem einordnen kann. Als Mason beim Entwickeln seiner Fotos in der Dunkelkammer von seinem Lehrer gefragt wird: »Wer willst du sein? Was bringst du mit, was keiner hat?«, war ich sehr bewegt. Sternstunde! Genau diese Frage hat mich zum Titel und zu den spirituellen Grundhaltungen in diesem Buch geführt. Darum habe ich mir den Film »Boyhood« innerhalb eines Monats zweimal im Kino angesehen. Dieser Film bestärkt mich, meiner Intuition zu trauen, und ermutigt mich, authentisch zu werden. »Geh hinein in deine Kraft. Verlier die Angst vor deiner Größe, ohne überheblich zu werden. Genieße deine Talente, entfalte sie als Beitrag für eine menschlichere Welt«, sehe ich als Quintessenz meines eigenen spirituellen Weges. Ich erkenne darin meine Grundhaltung, in der ich seit 20 Jahren Menschen spirituell begleite, durch meine Bücher, Gespräche, Vorträge und Seminare. Ich mag diesen Film besonders, weil mir durch ihn auch klargeworden ist, weshalb ich so viele Anknüpfungspunkte zwischen dem Kino und einem spirituellen Weg sehen kann. Von dieser Verbindungsspur will ich in diesem Buch erzählen.

Meine beiden ersten Kinofilme

»Winnetous Tod« von Harald Reinl heißt mein erster
Film, den ich im November 1965 im Kino gesehen habe.
Mit meinem hart erarbeiteten Taschengeld gönnte ich mir
einen Platz in der Ersten Loge. Ich erinnere mich gut, wie
ich feierlich den Weg dorthin hinaufsteige und ganz aufge-
regt auf die Bilder warte. Der Gong, das Löschen der Lich-
ter und das Öffnen des Vorhanges ließen mich unbewusst
leise erahnen, dass sich mir in dieser Dunkelheit eine weite
Perspektive auftun könnte. Eine Öffnung zur Vielfalt des
Lebens, die mich einlädt, mich selbst besser kennenzuler-
nen. Das Eintauchen in eine Fülle von Bildern lässt mich
in Berührung kommen mit meinen Lebenserfahrungen.
Schon als Jugendlicher war ich »Sinn-Sammler« und ich
bin es bis heute geblieben. Ich sammle Augenblicke, in
denen ich entdecke, wofür es sich zu leben lohnt. Winnetous letzte Worte, die er zu Old Shatterhand sagt, sind mir
noch präsent: »Mein Bruder, hilf mir, Winnetous Seele
muss gehen, Winnetou ist bereit, leb wohl.« Sie weisen
eine Spur zu einer Lebensgestaltung, in der Menschen in
ihrer Lebensaufgabe – im doppelten Sinn – Freundschaft
erfahren. Dieses kraftvolle Mitsein zieht Kreise und weist
über sich hinaus, wie es in der Antwort von Old Shatterhand ausgedrückt wird: »Mein Bruder kann ohne Sorge
sein, das Volk der Apachen ist gerettet und in Sicherheit.«
Nachdem Winnetou sein Pferd Iltschi – »Wind« – nochmals gesehen hat, stirbt er. Ich habe damals geheult wie ein

Schlosshund, und als ich jetzt nach 40 Jahren den Film wieder auf einer DVD gesehen habe, waren mir all die vielen Gefühle aus meiner Kindheit wieder sehr präsent und trotz der kritischen Warnungen meines Verstandes konnte ich einige Tränen nicht zurückhalten ...

»Zur Sache, Schätzchen« heißt mein zweiter Film – mit Uschi Glas! Ich habe ihn heimlich im Kino gesehen, als Protest gegen meine Eltern, die mir ein Jahr katholisches Internat verordnet hatten. Mit Magengrummeln bin ich im Februar 1968 mit ein paar Kollegen zur Kinokasse gegangen. Dieser Skandalfilm des Jahres wurde erst ab sechzehn Jahren freigegeben und ich war erst fünfzehneinhalb. Meine Enttäuschung war groß, als Uschi Glas nur die Bluse geöffnet hat ... Doch mir gefielen diese »Halbstarken« im Film sehr, die die Vorstellung von Normalität in der damaligen Zeit infrage stellten. Das war Balsam für meine Seele, die darunter litt, im Heimatdorf jeden Tag mehrmals täglich mit der lebensbehindernden Frage: »Was denken die anderen?« konfrontiert zu werden. Sich nicht mehr verbiegen zu lassen, frei zu werden, selbstbewusst seinen Weg in Beziehung zu gehen, sind existenzielle Lebensthemen, die in diesem Film anklingen und die zu jeder achtsamen, spirituellen Lebensgestaltung gehören. Auch diesen Film habe ich kürzlich wieder auf DVD gesehen. Wie »Winnetous Tod« ist er nicht mehr mein Lieblingsfilm. Doch ich bin schon überrascht, wie sich in diesen beiden Filmen ein roter Faden freilegt, der sich bis heute durch mein Leben zieht und den ich mit den Worten »in die eigene Kraft hineingehen« umschreibe. Dass der zweite Film von einer Frau, der Regisseurin May Spils, gedreht wurde, gefällt mir besonders, denn ich wünsche mir mehr Regisseurinnen in der Filmszene und unterstütze alle, die sich für eine wachsende Zahl von Filmemacherinnen einsetzen.

Ich bin gemeint

Als ich dann im Internat in Neuchâtel zu meinem großen Erstaunen im Religionsunterricht Filmkunde hatte und die ganze Klasse in den Stadtkinos aktuelle Filme anschaute, um eine Spur zum eigenen Leben und zum Lebensbruder aus Nazaret zu entdecken, war für mich die Verbindung von Film und Spiritualität grundgelegt. Religion wurde für mich zur Befreiung, weil mein Leben dank vieler Filmgeschichten eine große Weite erhielt, in der Respekt und Toleranz gedeihen konnten. Seit 1969 gehe ich jeden Monat zwei- bis dreimal ins Kino. Gerne erzähle ich in diesem Buch, weshalb ich dort immer wieder Momente erfahre, in denen ich voll da bin und ganz weg. Momente, in denen sich eine Gleichzeitigkeit zwischen einer Filmszene und einem Teil meines Lebens auftut, die mich tief berührt, nährt und darin bestärkt, meinem ureigenen Weg mehr zu vertrauen und ihn auch zu gehen. Diese befreiende Lebenseinstellung habe ich dann später auch in meinem Theologiestudium entdeckt, in meiner Arbeit als

Jugendseelsorger und in der Begegnung mit Frauen und Männern, die als Querdenker und Querdenkerinnen mutig einen originellen Lebensentwurf gewagt haben. Spirituelle Lebensweisheiten und Filmszenen bestärken mich, die Angst vor der eigenen Größe zu verlieren, ohne arrogant zu werden. Und sie bekräftigen mich, zu meiner Kleinheit zu stehen, ohne mich minderwertig zu fühlen. Sie ermutigen mich, mich zu verwurzeln, um über mich hinauswachsen zu können. Sie bekräftigen mich, eine innere Freiheit zu finden, in der auch das Scheitern und die Brüche im Leben zu spirituellen Quellen werden können, die Mitmenschlichkeit fördern, auch mit sich selbst.

Im Rückblick auf mein Leben entdecke ich eine Gradlinigkeit in meinen verschlungenen Wegen. Trotz Verletzungen und Widerständen gehe ich zweifelnd-vertrauensvoll meinen Weg. Ich versuche immer wieder neu, in selbstverantwortlicher Beziehung zum Ganzen bei mir zu bleiben. Unsere Welt braucht leidenschaftlich-gelassene Frauen und Männer, die sich trauen, noch mehr in ihre Lebenskraft hineinzugehen, damit sie solidarisch-mitfühlend mit Willenskraft und Leichtigkeit unterwegs sein können. Diese Ermutigung und Zumutung, dem Eigenen zu trauen und es zu leben, finde ich in vielen Filmszenen, die meinen spirituellen Weg wesentlich inspiriert haben. Ich erkenne sie auch interreligiös in spirituellen Impulsen, die lustvolle Lebenskraft und schmerzliche Verunsicherung nicht mehr trennen. Seine Lebenskraft selbstbewusster zu entfalten kann paradoxerweise bedeuten, auch in die eigene Kraftlosigkeit hinunterzusteigen, damit sie integriert und verwandelt werden kann. Dieser Tiefgang ist auch für Männer bedeutungsvoll, weil sich so archetypisch das Kämpferische und das Verwundbare umarmt.

Persönlich und politisch

Filmgeschichten und Biografien von weisen Frauen und Männern haben mich zu einem authentischen Schreiben gelockt. Sie haben mich ermutigt, ein offenes Kloster zu gründen und dem Geschenk der Liebe in einer Partnerschaft zu trauen. Menschen zu sich selbst und zu ihrer unscheinbar-besonderen Lebensaufgabe zu befreien, möchte ich auch mit den sieben Kapiteln dieses Buches. Darin finden sich zentrale Lebensthemen, die ich in einen größeren spirituellen und sozialpolitischen Zusammenhang stelle.

Spirituelles Reifen und Wachsen lebt von dieser anspruchsvollen Wechselwirkung: wahrnehmen, was wirklich ist in meinem Leben, ohne es immer gleich schon bewerten zu wollen, um zu erahnen, dass ich mehr bin als mein Erfolg, mein Scheitern, mein Vertrauen, meine Ohnmacht, meine Verwundungen und meine Lebenslust. Mein inneres Feuer, mein *feu sacré* brennt für diese Lebensaufgabe: mich selbst mitzuteilen und mich zu lassen, damit auch andere bestärkt werden im Vertrauen, ihren eigenen Platz im Leben im Annehmen von Stärke und Dünnhäutigkeit zu finden. Am Ende des Films »Boyhood« finde ich diese beiden Seiten des Lebens symbolisch wieder: Als Mason von zu Hause wegzieht und seine Mutter alleine zurückbleibt, sagt sie: »Mein Leben zerrinnt. Ich dachte, da wäre mehr …« Wie eine Antwort auf diese zentrale Frage nach dem, was trägt im Leben, höre ich die Worte im Austausch von Mason mit einer Studentin, die er gerade erst kennengelernt hat. Sie sinniert: »Es heißt doch: Nutze den Moment. Ich meine, es sei gerade umgekehrt, der Moment nutzt uns.« Der Film endet mit der Antwort von Mason: »Ja, im Hier und Jetzt.«

Wirklich anzukommen in meinem Leben führt mich zur Kraft des Augenblicks. Das bedeutet, auch Enttäuschungen und Schmerz mitzuteilen, damit die Fixierungen auf das Schwierige aufgelöst werden können. So kann sich der Blick weiten auf das, was jetzt da ist an Kraft. In jeder und jedem von uns ist ein unerschöpfliches Wachstumspotenzial. Es erwartet uns immer schon …

1.

Bleib bei dir

In dem eindrücklichen Film »Drei Farben – Rot« (1994)
des polnischen Regisseurs Krzysztof Kieslowski (1941–
1996), der in Genf gedreht wurde, begegnen sich eine junge
Studentin und ein zynischer Richter, der im Ruhestand ist.
In ihren Gesprächen lässt mich ein kurzer, unscheinbarer
Satz aufhorchen. Valentine ist eine sensible, einfühlsame
junge Frau – bezaubernd gespielt von Irène Jacob –, die
nicht bereit ist, dem Leben mit Resignation und Misstrauen
zu begegnen. Der Richter dagegen ist ein verbitterter Men-
schenfeind, intensiv gespielt von Jean-Louis Trintignant,
gefangen in seinen Enttäuschungen und Verletzungen. Wie
in all den eindrücklichen Filmen von Kieslowski wird die
Härte des Lebens ernst genommen, damit sie aufgeweicht
und verwandelt werden kann. Die junge Frau und der alte
Mann zähmen sich gegenseitig wie der »Kleine Prinz« und
der Fuchs im gleichnamigen Buch von Antoine de Saint-
Exupéry. Der geniale Dialog zwischen Dunkel und Licht in
intensiven Bildern führen mich hinein in zwei Seiten meines Lebens: das Vertrauen und die Ohnmacht. Dank der
langsamen Fahrt der Kamera kann ich innerlich mitgehen
und komme so in Berührung mit den vielen Facetten meiner Gefühle, die sich in mir abwechseln, im Schönen und
im Widersprüchlichen meines Lebens. Die freundschaftli-
chen Begegnungen, in denen sich beide an die unbekannte
Welt des anderen herantasten, strahlen Hoffnungsfunken
aus, die mich erinnern, dass es nie zu spät ist, sich mit seinem Leben zu versöhnen. In der Verschiedenheit können
beide voneinander lernen.

Als Valentine von ihrer Ohnmacht erzählt, ihrem drogensüchtigen Bruder nicht wirklich helfen zu können, sagt der Richter zu meinem großen Erstaunen: »Sie können nicht das Leben ihres Bruders leben, doch sie können etwas tun, sie können sein.« Verwirrt fragt Valentine nach, was er damit meine. Der Richter erklärt mit großer Klarheit: »Einfach dies: sein.« In dieser Szene verdichtet sich so viel. Um das geht es im Leben: sein zu dürfen. Dadurch helfen wir auch einander, weil wir andere nicht zu schnell mit billigem Mitleid abwerten. Im Sein liegt jene Kraft, die im Aushalten einer scheinbaren Hilflosigkeit die Kraft eines anderen wecken kann. »Einfach dies: sein« gehört zum Schwierigsten in unserem Leben. Es ist eine verbindende Kraft, die seit Jahrtausenden immer wieder neu buchstabiert wird. Das ist echte Meditation, Sammlung auf das Wesentliche. Darin erkenne ich die herausfordernde und ermutigende Lebenshaltung von Meister Eckhart (1260–1328): vom Haben zum Sein zu gelangen. In dieser kleinen Filmszene verdichtet sich die Bestärkung, vermehrt im Hier und Jetzt zu leben. Ich kann mir diese Sequenz nicht oft genug anschauen, weil ich in den Begegnungen mit Menschen so viel Schweres, Zerbrochenes, Erschütterndes erfahre. Im ersten Moment – manchmal auch länger – meine ich, nichts tun zu können. Dann versuche ich mich daran zu erinnern, dass ich sehr viel tun kann, wenn ich jeden Tag neu annehme, vordergründig nichts tun zu können. »Einfach dies: sein« zeigt mir in Einfachheit die ganze Komplexität des Lebens auf.

Wie soll das gehen, einfach zu sein, wenn schon junge Menschen an Krebs sterben? Zu sein, wenn Hunderte von Kindern, Frauen und Männern im Bombenhagel um ihr Leben rennen? Sein, wenn die atomare Bedrohung unsere wunderbare Schöpfung zerstört? Sein, wenn, wenn ...

Innerster Lebensfunke

> *»Einfachheit, Konzentration, perfekte Kenntnis und technische Genauigkeit müssen die Grundlage jeder Filmszene und jeder Sequenz sein. Aber trotzdem ist das immer noch nicht alles. Es fehlt noch das Wichtigste: der innerste Lebensfunke, der wesentlich und unkontrollierbar ist und der, je nachdem, auftaucht oder auch nicht.«*
> Ingmar Bergman (1918–2007)

Wenn ich umschreiben möchte, was mir hilft, mehr *sein* zu können, dann leihe ich mir gerne die treffenden Worte des schwedischen Regisseurs Ingmar Bergman aus. Sie stellen mich mitten hinein in meine Lebensaufgabe und in meine sozialpolitische Verantwortung. Sie entlasten mich, weil das Wesentliche nicht machbar ist. Sie fördern in mir eine entspannende Spannung, weil ich mich mit meinen Talenten einbringen und mich lösen kann von mir selbst, damit der »innerste Lebensfunke« noch mehr durch mich scheinen kann. Ich will Ingmar Bergman weder vereinnahmen noch mich ihm anbiedern, sondern beschreiben, was seine Worte in mir auslösen. Ich kann sie, ohne groß nachzudenken, in Verbindung bringen mit meiner Sehnsucht, in meiner Begrenztheit zu genügen. Ja, ich lasse mir die Hoffnung nicht nehmen, dass in jedem von uns eine unerschöpfliche Wachstumsquelle vorhanden ist, die es ein Leben lang freizulegen gilt. Dazu braucht es eine klare Willenskraft und eine entlastende Leichtigkeit. Ich bin wichtig, darum nehme ich mich nicht zu wichtig. Teamwork ist gefragt, denn ich kann nie alleine ich selbst werden. In Beziehung mit anderen bei mir zu bleiben, um mich nicht leben zu lassen, heißt jene Lebenskunst, die aufatmen lässt.

Balance zwischen Sein und Tun

Die vielen Kinofilme, die ich mir seit 45 Jahren ansehe, kreisen meistens um diese Balance. Sie erzählen von der Sehnsucht, endlich im eigenen Leben ankommen zu können. Und erinnern mich daran, dass ein gemeinsamer Aufbruch für eine Welt, die menschlicher und zärtlicher sein kann, möglich ist. Diese ver-rückte Hoffnung entfaltet sich unaufhaltsam auf meinem Lebensweg, allen Zweifeln und Verunsicherungen zum Trotz. Sie bestärkt mich einfühlsam und kreativ darin, auch andere Menschen zu ermutigen, ihre Träume zu leben. Diese Hoffnung verdichtet sich in der Bestärkung, noch mehr die Fährte zu meiner inneren Kraft aufzunehmen, die nie nur eine persönliche ist, sondern die göttliche Kraft, die sich auch durch mich verwirklichen kann. Diese Perspektive gilt es auch in den verschiedenen religiösen Spuren aufzuzeigen, damit Menschen in Geborgenheit und Freiheit zu sich selbst und zu einem sozialen Engagement befreit werden. Diese innere Hoffnungskraft lässt mich zornig werden, wenn Religion missbraucht wird, um Menschen mit Angst zu umzingeln, damit sie sich klein und unbedeutend fühlen. Jede und jeder von uns hat einen unmittelbaren Zu-Gang zu seiner göttlichen Lebenskraft, die im Entfalten der eigenen Kreativität und im Annehmen der eigenen Begrenztheit spürbar wird. Als politischer Mensch achte ich zudem darauf, mich nicht manipulieren zu lassen. Ich wehre mich, wenn mir subtil beigebracht wird, dass wir sowieso nichts ändern können. Je mehr ich in mir ruhe, desto mehr wächst in mir die Hoffnung, Unmögliches mit anderen verwirklichen zu können. So leiste ich Widerstand für eine ethische Grundhaltung, in der der Gier die Kraft der Solidarität entgegengesetzt wird.

Bei sich sein dürfen

Das Zitat »Einfach dies: sein«, das aus Kieslowskis Film »Drei Farben – Rot« stammt und für mich die Quintessenz all seiner Filme bildet, interpretiere ich als Eingangstor zu einem engagierten Leben. Menschen, die in sich selbst ruhen können, bewirken allein schon durch ihre Ausstrahlung vieles. Sie reagieren nicht ständig, sondern sie schaffen sich bewusst Freiräume, um von innen her agieren zu können.

Kieslowski hat auch die Zehn Gebote, den Dekalog, in einer zehnteiligen Fernsehserie aktualisiert. Jeder Teil dauert knapp eine Stunde und erzählt jeweils eine Geschichte, in der Menschen einander in einer großen Wohnsiedlung in Warschau zufällig begegnen. Menschen, die in einer Entscheidungssituation stehen, in der sie zunächst um sich selbst kreisen. Sie haben in ihrer Geschäftigkeit den Zugang zu ihrer Mitte verloren. Kieslowski beschreibt die Gefahr, sich in der Aktivität zu verlieren, mit folgenden Worten: »Für die, die uns nahe sind, tun wir – vermutlich – ziemlich viel, aber wenn wir den Tag an uns vorbeiziehen lassen, stellen wir fest, dass wir zwar alles für sie erledigt haben, dass uns aber die Kraft oder die Zeit gefehlt hat, sie in den Arm zu nehmen und ihnen ein nettes und zärtliches Wort zu sagen. Für Gefühle und Leidenschaft haben wir keine Zeit, und da liegt das wahre Problem. Unser Leben gleitet uns durch unsere Finger ...«

Mitten hinein in diese Kargheit des Lebens entwirft

Kieslowski wunderbare Begegnungen, die erfüllt sind von tiefster Menschlichkeit. Sie stärken meine Bereitschaft, aus meiner Lebenskraft heraus mitfühlend zu sein. Diese zehn Stunden Film, die inspiriert sind von den Zehn Geboten, sind für mich auch »Lebens-mittel«: Sie nähren mein Vertrauen in die Verwandlungskraft des Menschen. Das ist der Grund, warum ich mir im Sommer 2014 zum zweiten Mal während zehn Tagen diese Aktualisierungen des Dekaloges angeschaut habe, jeden Tag einen Teil. Wichtig ist für mich, dass dieses bewusste Anschauen und Nachklingenlassen von Filmen auch eine meiner Meditationsformen ist. So wie das tägliche achtsam-stille Gehen oder Sitzen, Qigong und Yoga für mich Meditationsformen sind, so lasse ich mich auch leidenschaftlich gerne durch Filmbilder bewegen. Das Anschauen von Filmen als Meditation/Sammlung schenkt mir immer wieder Momente, in denen ich bei mir ankommen kann und zutiefst verbunden bin mit dem Ganzen. Momente, in denen ich im Innersten berührt bin und ermutigt werde, aller Gewalt zum Trotz weiterhin an das Gute in jedem Menschen zu glauben und es vor allem zu entdecken. Diese Gratwanderung beginnt mit der Einladung und der Zumutung, einfach bei sich zu sein.

Bei sich zu bleiben, *einfach* sein zu dürfen, seine ureigene Aufgabe auf dieser Welt zu entdecken und sie in einer tieferen Verbundenheit mit allem zu verwirklichen, ist darum für mich eine zutiefst spirituelle und zuhöchst politische Grundhaltung: *Einfach* sein zu dürfen, so sein zu dürfen, Original zu bleiben und keine Kopie der Werbung oder dem Diktat einer Mehrheit unterworfen zu werden, sehe ich als Umschreibung einer echten Demut. Eine lebensbejahende Demut bedeutet vom lateinischen Ursprungswort *humilitas* auf keinen Fall, sich feige und kopflos unterzuordnen, sondern »voll in seinem Saft« zu sein, um sich mit Lust, Kraft und Zerbrechlichkeit einordnen zu können in einem größeren Ganzen. Unsere Welt braucht einfache, demütige Menschen, die die Angst vor ihrer Größe, ihrer Einzigartigkeit verlieren, ohne überheblich zu werden. Sie bringen sich ein und nehmen sich zurück, damit Vielfalt, Toleranz und Respekt eine Chance haben.

Einfach sein dürfen heißt, selbstbewusst-solidarisch einen einfachen Lebensstil zu entfalten, in dem die eigenen heilenden Kräfte gefördert werden, um weniger konsumieren zu müssen. Einfachheit als Lebenskunst fördert ethische Geldanlagen, biologische Lebensmittel, öffentliche Verkehrsmöglichkeiten und einen gesunden Lebens- und Arbeitsrhythmus. Einfach sein dürfen, regelmäßig tief ein- und auszuatmen, um kraftvoll seine Stimme für die eigenen Rechte und die Menschenrechte auszudrücken, ist zutiefst persönlich und sehr politisch. Hilfe zur Selbsthilfe wird möglich, wenn wir uns verabschieden von dem Irrtum, immer etwas tun zu müssen. Je komplexer die Gestaltung unserer Beziehungen und unseres Zusammenlebens wird, desto mehr braucht es einfache Menschen, die auch bei sich selbst zu Gast sein können, um die Spirale der

Schnelligkeit, der Machbarkeit und der Grenzenlosigkeit durchbrechen zu können. Diese Grundhaltung taucht mit großer Klarheit in den Filmen von Krzysztof Kieslowski auf. In einer langen Weile kann ich die Gesichter der Personen im Film anschauen. Die Objektebene, auf der ich schnell ein Bild nach dem anderen an mir vorbeiziehen lasse, wird aufgebrochen. Die Kamera verweilt auf den Gesichtern, geht ganz nahe ran, »berührt« sie fast und lässt dabei alles offen. So kann mir ein Gesicht, das mich im Wechselspiel von Licht und Schatten anschaut, zu einem Spiegel werden. Viele Filme von Kieslowski enden mit einem Blick auf ein Gesicht. Oft sind es verlorene Gesichter, wie das des Richters im Film »Drei Farben – Rot«, der durch eine zerbrochene Glasscheibe schaut. Es sind diese Blicke, die mich auf mich selbst zurückwerfen. Sie locken mich zu der Lebenskunst, Selbstannahme und Solidarität nicht mehr zu trennen. Darum schaue ich mir Filme dieses Regisseurs gerne immer wieder und wieder an, weil ich mir in dieser Wiederholung das hole, was ich wirklich zu meinem Leben brauche: das Ernstnehmen der Verlorenheit und Zerbrochenheit vieler Menschen, Mitgefühl mit mir selbst und ein leises Erahnen einer Hoffnungsspur, die mit einem *einfachen Dasein* beginnt.

Mit Musik bei sich sein

Im Dialog bei sich selbst zu bleiben verdeutlicht sich auch als inspirierendes Beispiel in der Zusammenarbeit von Krzysztof Kieslowski mit dem polnischen Komponisten Zbigniew Preisner (* 1950). Preisner komponierte die Filmmusik für die zehnteilige Serie über den Dekalog und danach für die letzten Filme von Kieslowski: »Die zwei Leben der Veronika« und die Trilogie »Drei Farben: Blau – Weiß – Rot«. Bemerkenswert ist, dass Preisner von Anfang an mit einbezogen ist. Seine eindrückliche Musik wird dem Film nicht am Schluss angehängt, weil er sie vor und während der Dreharbeiten als eigenständigen Beitrag entwirft, damit ein Ganzes entstehen kann. Die Musik nimmt in einigen Filmen von Kieslowski eine besondere Stellung ein, besonders in »Die zwei Leben der Veronika« und »Drei Farben – Blau«. Es sind Filme voller Sinnlichkeit, in denen Menschen auch durch die Musik zu sich selbst finden, in dem sie sich als aufgehoben erfahren in einem größeren Kontext.

Einfach sein zu dürfen erfahre ich auch im genussvollen Hören der Filmmusik von Zbigniew Preisner. Dank ihr kann ich mit geschlossenen, mit inneren Augen Filmszenen anschauen, um klarer und weiter zu sehen. Dies ist ein meditativer Vorgang, in dem nachklingen und nachschwingen kann, was im Kino an Gefühlen und Erinnerungen ausgelöst wird. Dieses Auskosten, ganz Ohr zu sein, ist für mich Meditation. Berührend ist zudem das »Requiem

for my friend«, das Preisner 1998 nach dem plötzlichen
Tod von Kieslowski komponiert hat. Ein Requiem, in dem
die ganze Tiefe und Lebendigkeit des einfach-großartigen
Daseins von Kieslowski hör- und spürbar wird.

Seine Lebensmelodie
erklingen lassen
im Verlassen
des guten Tones

Bestehen können
neben vielen anderen
sich nicht zurücknehmen
Rückgrat leben

Hinausgeführt
aus dunkler Ungewissheit
hineingewagt
in einen Neuanfang

Frag-würdig bleiben
Vielseitigkeit leben
absichtslos werden
ohne Warum

Flächen der Ruhe urbar machen

Bei sich zu bleiben, einfach zu sein bedeutet, sich zunächst einmal im staunenden Genießen der Schönheit des Lebens und in der Konfrontation mit der Härte des Daseins zu sammeln. Erst danach ist ein Handeln angebracht, aus einer inneren Kraft heraus. Die kritische Seite meines Verstandes, die ich nicht missen möchte, fragt sofort nach: »Einfach sein, das kann es doch nicht gewesen sein? Das soll die Frucht deines 20-jährigen spirituellen Weges sein?« Ich erwidere ihr mit ein paar Worten, die ich auf die erste Seite meines Terminkalenders 2015 geklebt habe. In meiner Agenda stehen schon Termine für das Jahr 2017 (!), weil ich meine Verantwortung in dieser Welt wahrnehme. Um mich darin nicht zu verlieren, brauche ich einen Gegenpol, den ich im Tagebucheintrag von Etty Hillesum finde. Diese junge jüdische Frau notierte am 29. September 1942:

> »Das ist eigentlich unsere einzige moralische Aufgabe:
> in sich selbst große Flächen urbar machen für die Ruhe,
> für immer mehr Ruhe, sodass man diese Ruhe wieder
> auf andere ausstrahlen kann.
> Und je mehr Ruhe in den Menschen ist,
> desto ruhiger wird es auch in dieser aufgeregten Welt.«

Ich atme tief durch, wenn ich diese Worte regelmäßig lese. Sie nähren mich. Sie schenken mir Orientierung. Sie bestärken mich zu einer gesunden Balance. Was für eine Kraft ruht in diesen wenigen Sätzen! Wie konnte eine lebenslustige, kämpferische junge Frau in einer grausam verdunkelten Zeit solche Worte finden? Etty Hillesum kämpfte wie wild, sie unterstützte viele jüdische Familien und weigerte sich, sich in Sündenbock- und Feindbild-mechanismen zu verstricken. Sie entdeckte die Stille als politische Kraft, die dank der Distanz zum Alltag neue Perspektiven eröffnen kann. Als ich im Mai 2013 beim Evangelischen Kirchentag in Hamburg ein Politisches Nachtgebet mitgestaltete – ganz in der Tradition von Dorothee Sölle und Fulbert Steffensky und in Zusammenarbeit mit den Organisationen ACAT, Amnesty International und Fluchtpunkt –, brauchte ich einen kleinen »Mutanfall«, um meinen Impuls mit den Worten von Etty Hillesum beginnen zu können. Ich war wie die meisten aufgewühlt von einem schrecklichen Erfahrungsbericht meines Vorredners Maikel Nabil Sanad, ein junger ägyptischer Blogger. Er wurde am 11. April 2011 von einem Militärgericht zu drei Jahren Haft verurteilt, weil er in einem Blogbeitrag der Armee vorgeworfen hatte, während der Revolution nicht auf der Seite des Volkes gestanden zu haben. Als Protest hungerte er während 50 Tagen für ein freies Ägypten. Damit das Militärgericht sich nicht mit ihm und seinen Argumenten auseinandersetzen musste, war eine Einweisung in die Psychiatrie vorgesehen – man attestierte ihm Unzurechnungsfähigkeit. Wer sich wie Maikel Nabil Sanad für Meinungsfreiheit, für die Rechte der Frauen und für Frieden mit Israel exponiert, kann nur verwirrt und verrückt sein! Dank vieler internationaler Proteste und auch dank der vielen Briefe von Amnesty-Mitgliedern konnte die Einweisung verhindert werden und er wurde zusammen mit ca. 2000 anderen Häftlingen im Januar 2012 begnadigt. Seither kämpft er weiter für die Menschenrechte weltweit.

Engagement und Rückzug

Nach seinem engagierten Statement atmete ich tief durch. Zweifel wollten mich lähmen, ob es als wohlbehüteter Schweizer nicht zu einfach oder sogar zynisch wäre, von der politischen Kraft der Stille zu sprechen? Da meine Lebenseinstellung, in der Stille eine politische Kraft zu erfahren, sich in den letzten Jahren in mir fest verwurzelt hat, hatte ich gar keine andere Wahl, als geradezustehen für meine An- und Einsichten. So tat ich das, was ich oft tue, wenn meine Verunsicherung mich lähmen will: zu diesen Gefühlen zu stehen, weil sie nur ein Teil von mir sind. Ich sagte mit bewegter Stimme, dass ich sehr betroffen sei von den Worten und dem Engagement von Maikel. Unsere Welt brauche mehr denn je beherzte Menschen, die ihre Stimme erheben für die Menschenrechte. Als Ergänzung dazu wollte ich hervorheben, dass das regelmäßige Innehalten, wie es auch Etty Hillesum beschreibt, zu einer Kraftquelle werden könne, um sich langfristig einsetzen zu können. Je komplexer die Gestaltung unserer Beziehungen, unseres Berufsalltages und unsere politischen Zusammenhänge würden, umso mehr brauchte es neben dem Zupacken die Gabe des Auftankens. Einzuüben, immer wieder bei sich zu sein, sei genauso notwendig wie Protestaktionen. Diese Einsicht habe ich in meiner zwei Jahre andauernden Burnout-Zeit entdeckt. Meine erste Frage im Leben heiße daher nicht mehr: »Was muss ich tun?«, sondern: »Woher nehme ich die Kraft, um noch mehr tun zu können?«. Nach dem Politischen Abendgebet war ich wohltuend überrascht, dass vor allem junge Frauen und Männer sich bei mir bedankten für meinen Impuls. Es hätte ihnen sehr gutgetan, nicht immer nur Appelle wie »du sollst – ihr müsst – es gibt noch mehr zu tun« zu hören, sondern eben auch, gut und selbstverantwortlich mit sich zu sein. Meine Ermutigung, sein inneres Feuer zu spüren und zu nähren, ohne dabei auszubrennen, motiviere sie, weiterhin aktiv zu bleiben im Spannungsfeld zwischen Engagement und Rückzug.

Genau darum geht es mir, weil mein spiritueller Weg durch einen schmerzvollen Zusammenbruch aufgebrochen ist. Mein Burnout war lebensgefährlich, was zum Glück gespeichert ist in meinem Leib-Geist-Seele-Dasein und mich Verbündete suchen lässt, die ebenfalls einen gesunden Lebensrhythmus einüben möchten. Dag Hammarskjöld (1905–1961), zweiter UNO-Generalsekretär, ist mir ein Wegbegleiter geworden, weil er nach seiner Wahl im April 1953 als ersten politischen Akt im UNO-Hauptgebäude in New York einen Raum der Stille und der Leere geschaffen hat, den man bis heute dort besuchen kann. Damit zeigt er auf, was es braucht, um sich nicht aufzureiben in der Auseinandersetzung mit den über 35 Kriegen, die es leider immer noch auf unserer Erde gibt. UNO-Generalsekretär zu sein ist ein Amt der totalen Überforderung, weil das eigene unermüdliche Engagement oft nur ein Tropfen auf einem heißen Stein ist. Um darin nicht bitter, ohnmächtig und menschenfeindlich zu werden, braucht es die Einsicht, noch mehr Kraft aus der Tiefe zu schöpfen. Dag Hammarskjöld nennt es in seinem Tagebuch das alltägliche Betreten eines »seelischen Kraftfeldes«. Er meint damit die Erinnerung, dass trotz der ganzen Gewalt sich jetzt in diesem Moment auf der ganzen Welt Frauen und Männer für Frieden in Gerechtigkeit einsetzen. Unsere Aufgabe besteht darin, uns regelmässig mit dieser Kraft zu verbinden. Daraus entsteht eine Verbundenheit, die über den Tod hinaus wirksam sein kann. Ich stimme Dag Hammarskjöld von ganzem Herzen zu. Wir unterschätzen das Potenzial der Verstorbenen, die uns weiterhin das Rückgrat stärken, aber eben einfach anders. Es liegt an uns, diese Erinnerung in uns wachzurufen, um von dem Irrtum befreit zu werden, es komme immer nur auf uns an. Dies ist nur die eine Seite der Medaille. Jede und jeder von uns hat eine ureigene Lebensaufgabe, die nur sie oder er erfüllen kann. Das gelingt uns jedoch noch besser, wenn wir uns daran erinnern, dass es wohl auf uns ankommt, jedoch nie allein von uns abhängt. Bei sich zu bleiben, einfach sein zu dürfen ist genauso lebensbejahend und wirksam wie sich ein- und auszusetzen für eine zärtliche Gerechtigkeit.

Der chinesische Philosoph Lao Tse, der im 6. Jahrhundert vor Christus gelebt haben soll, verdichtet die Kraft, die im Nicht-Tun liegt, in den Worten:

»Weniger, immer weniger ist zu tun,
bis man beim Nicht-Tun ankommt.
Ist man beim Nicht-Tun angekommen,
bleibt nichts ungetan.«

Mit einem Lächeln

»Bei sich bleiben – einfach sein« sagt und schreibt sich sehr leicht. Genauso wie die scheinbar banalen Worte: »Lächle dem Leben zu.« Da ich viel mit dem Zug unterwegs bin, warte ich auch viel. In meiner alten Konditionierung betrachtete ich dies als verlorene Zeit. Heute nutze ich diese Momente, um tief ein- und auszuatmen, meine Schultern zu lockern und die Menschen um mich herum mit Wohlwollen anzuschauen. Es tut mir manchmal richtig weh, wie verbissen die meisten in die Welt sehen. Dahinter stecken oft Mechanismen, die kulturell bedingt zu sein scheinen, weil wir täglich mit einer solchen Haltung geimpft werden: Wir bleiben fixiert auf das Schwere, weil wir meinen, nur glaubwürdig zu sein, wenn wir kritisch all das Negative benennen. Gute Nachrichten werden deshalb zu wenig verbreitet.

Diese Einseitigkeit findet sich auch in den sogenannten Autorenfilmen, die ich bevorzuge. Ich mag einfach diese kleinen Filme, in denen dem Leben, wie es wirklich ist, mit großer Achtsamkeit begegnet wird. Plötzlich entdeckte ich jedoch mit Bedauern, dass in diesen Filmen kaum gelacht wird und auch ich als Zuschauer selten zu einem Lachen verführt werde. Weshalb müssen die Geschichten, die in Filmen erzählt werden, oft so todernst sein? Zudem fällt mir zunehmend auf, dass sich bei vielen Menschen zunächst ihr Gesicht verkrampft, wenn ich sie bei einem Vortrag einlade, in einem Moment der Stille in Einklang mit sich selbst zu sein. Viele Menschen meditieren auch mit einem verkrampften Gesicht. Ich gehörte selbst lange zu ihnen und habe Jahre gebraucht, um meine Verkrampfungsmechanismen aufzuweichen. Ich war ein hartnäckiger Fall! Weil wir alles so gut wie möglich machen wollen, entspannen wir uns sogar krampfhaft, ohne es zu merken. Den Menschen im Alltag zuzulächeln, mich bei der Busfahrerin zu bedanken, sehe ich auch als politische Haltung, die Mitmenschlichkeit fördert. Ich leiste mit einem Lächeln Widerstand, damit fremdbestimmte Schnelligkeit und Machbarkeit sich in Freundlichkeit verwandeln können.

Jederzeit klein anfangen können

Die junge Schweizer Regisseurin Bettina Oberli (* 1972) zeigt uns mit ihrem bezaubernden Film »Die Herbstzeit-losen« (2006), wie sogar im hohen Alter ein anderer Blick auf das Leben möglich ist. Sie erzählt darin die Geschichte von Martha. Sie ist 80 Jahre alt und lebensmüde. Ihr verstorbener Mann fehlt ihr sehr. Früher träumte sie als begabte Schneiderin oft davon, eine eigene Unterwäsche-Boutique in Paris zu eröffnen. Nun ist es zu spät, und eine solche Idee im Berner Emmental zu verwirklichen, ist auf keinen Fall möglich. Ihre quirlige Freundin Lisi sieht dies anders. Sie stachelt Martha an, ihren Traum zu leben. Ihre beiden anderen gleichaltrigen Freundinnen finden es dagegen eine völlige Schnapsidee, im Alter etwas nachholen zu wollen. Martha entgegnet ihnen: »Wieso meint eigentlich jeder, er könne mir sagen, wie ich mein Leben gestalten soll?« Und Martha erwacht zu neuem Leben.

Diese Bilder der Selbstwerdung tun mir sehr gut. In der Folge fährt Martha alleine nach Bern, kauft dort Spitzen und Seide ein. Im Nähen findet sie zu ihrer Mitte, und in ihr wächst jene Kraft, die befähigt, sich in die Mitte zu stellen. Sie lässt sich von der Kritik der anderen nicht mehr beirren und folgt ihrer Intuition, entfaltet ihre Talente. Zum Entsetzen vieler – und auch ihres Sohnes, dem Dorfpfarrer – eröffnet sie einen kleinen Laden für Reizwäsche. Die anfangs skeptischen Freundinnen bekommen auf einmal Geschmack an der Ermutigung, das Leben zu wählen:

Hanni macht den Führerschein, Frieda besucht einen Computerkurs und erlaubt es sich, sich im hohen Alter noch zu verlieben. Ich lachte herzhaft in diesem Film.

»Dass das Kino seinen Zauber über so viele Jahre nicht verliert – und das ist ja bei Weitem nicht nur bei mir so –, sagt ganz klar, dass es die tiefsten Schichten in der menschlichen Seele berührt, etwas Existenzielles in Bewegung setzt. Nüchtern betrachtet wird einfach nur farbiges Licht auf eine weiße Leinwand projiziert. Aber was dieser Vorgang im Zuschauer selbst auslöst, ist gewaltig. Man nimmt die vorgeführte Welt für wahrhaftig, erlebt mit den Figuren Emotionen, fiebert mit der Geschichte mit. Es beeindruckt mich immer wieder, wie man mit scheinbar so wenig Welten erschaffen kann«, meint die Regisseurin dieses Films, Bettina Oberli, dazu.

Ich genieße die kraftvollen Landschaftsaufnahmen und den witzigen Widerstand der vier »Herbstzeitlosen«, die Jung und Alt aufrütteln, die Verabredung mit einem prallen Leben nicht auf später zu vertagen oder sogar völlig aufzugeben. Dass die bekannte Schweizer Volksschauspielerin Stephanie Glaser, die ein Leben lang in Nebenrollen zu sehen war, mit 86 Jahren ihre erste Hauptrolle erhielt und dieser Film immer noch zu den erfolgreichsten Schweizer Filmen gehört, freut mich sehr. Bei sich zu sein muss nicht immer anstrengend sein, es kann uns zufallen. Es bedeutet, sich dem Fluss des Lebens und der Liebe anzuvertrauen. Humor als Widerstandsform stärkt unser Selbstwertgefühl und zeigt auf, wie strukturelle Veränderungen durch Kreativität möglich werden. Leichtfüßige Filme mit Tiefgang bestärken mich zu einer leidenschaftlichen Gelassenheit. Sie locken mich zur uralten Lebensweisheit, das anzunehmen, was im Moment nicht zu ändern ist, und gleichzeitig zu entdecken, was sogar trotz der lähmenden Meinung einer Mehrheit verändert werden kann, indem das eine vom anderen mit Klugheit unterschieden wird.

Das Leben schreibt die besten Geschichten

Diese spirituelle Alltagskunst erkenne ich auch in einem der erfolgreichsten französischen Filme: »Les intouchables – Ziemlich beste Freunde« (2011) von Eric Toledano und Olivier Nakache, der nach einer wahren Geschichte geschrieben wurde: 1994 wird Philippe Di Borgo nach einem Gleitschirmunfall zum Tetraplegiker, eine Form von Querschnittslähmung, bei der sowohl die Arme wie auch die Beine betroffen sind. Abdel Yasmin Sellou (im Film heißt er Driss) wird sein Betreuer und pflegt ihn bis 2004. Der Film ist eine beherzte Hymne auf die Freundschaft: Philippe ist reich, kultiviert und bitter, weil er durch seinen Unfall gelähmt im Rollstuhl sitzen muss. Er ist völlig abhängig von der Pflege anderer. Driss ist vorbestraft und arbeitslos. Um weiter seine staatlichen Bezüge zu bekommen, muss er ein Vorstellungsgespräch nachweisen, und so bewirbt er sich auf die Stelle als Pfleger bei Philippe,

41

obwohl er diese Arbeit gar nicht tun will. Die lockere Art und Weise von Driss fasziniert Philippe. Er engagiert ihn. Die beiden könnten nicht unterschiedlicher sein. Trotzdem oder genau deswegen entsteht ein freundschaftliches Miteinander, das davon geprägt ist, dass die beiden sich auf Augenhöhe begegnen, Driss also in Philippe nicht immer nur den »Behinderten« sieht und Philippe in Driss nicht den unkultivierten Straftäter. Beide behandeln sich einfach als Menschen. Der Film hat selbst jüngere Leute scharenweise ins Kino gebracht, auch im deutschsprachigen Raum. Beide Hauptfiguren zeigen auf, dass die Kunst, gut bei sich zu bleiben, eine Gratwanderung ist. Bei Philippe kann der ganze Reichtum seine Einsamkeit nicht aufheben und die heitere Leichtigkeit von Driss kann seine manchmal ausgeprägte Verantwortungslosigkeit nicht aufwiegen. Den begabten Schauspielern François Cluzet und Omar Sy gelingt es immer wieder, eine Brücke zwischen Humor und Mitgefühl zu schlagen. Viele schwierige soziale Themen, die in einigen großen Vorstädten Frankreichs immer wieder zu Gewalt führen, werden in dieser Komödie ausgeklammert. Dafür gelingt es diesem Publikumsliebling, unzähligen ganz unterschiedlichen Menschen klarzumachen, dass Begegnungen mit dem Fremden und Ungewohnten Vorurteile und Intoleranz verkleinern können. Herzhaftes Lachen und berührende Tränen gehören zu einem Leben in Fülle.

Driss lockert beispielsweise das steife Geburtstagsfest von Philippe mit seiner Musik von »Earth Wind & Fire«

und sein genial-cooles Tanzen dazu auf. Beide Männer erlauben sich, persönlich zu werden und von ihren Verwundungen zu sprechen. Philippe zeigt Driss, wie sehr er seine verstorbene Frau Alice noch immer vermisst: »Mein Leben ohne sie ist meine wahre Behinderung.« Der kecke, schlagfertige Driss vertraut Philippe an, dass seine Eltern ihn mit acht Jahren weggegeben haben und er bei seiner Tante und seinem Onkel aufgewachsen ist. Berührende Szenen verbinden Humor und Schmerz, im Film und im echten Leben, wie dies eine kurze Aufnahme des »echten« Philippe Pozzo di Borgo und seines Freundes Abdel Yasmin Sellou am Ende des Films verdeutlicht. Dieser sympathische Film zeigt auch auf, dass Begegnungen mit Behinderten unser Leben bereichern, weil sogenannte Gesunde oft darin behindert sind, unkompliziert bei sich zu bleiben, damit echte Begegnungen auf Augenhöhe möglich werden. Ich achte sehr darauf, dass ein spiritueller Weg kein elitär-abgehobener Weg wird. Die Gefahr besteht, sich über andere zu stellen und sie abschätzig spüren zu lassen, dass sie eben noch nicht so weit sind. Und würde es mir oft gelingen, ganz bei mir anzukommen, und wäre ich dabei nicht in der Liebe, ich würde mich selbst abschneiden vom Geschenk des Lebens!

Ankommen
bei sich selbst
aufgehoben
im Lebenshaus

Innere Räume
behutsam öffnen
entschieden entfalten
was entgegenkommt

La dolce vita
intensiv auskosten
einfach sein dürfen
in der Gegenwart

Sinnlichkeit
Zärtlichkeit
Lebensfreude
genießen

Bleib bei dir

Wenn mein Lebenspartner spürt, dass ich mich zu sehr um ihn sorge, weil beispielsweise im Moment an seinem Arbeitsplatz viel los ist, dann sagt er mir: »Sorge du dich zuerst um dich, dann kann ich deine Mitsorge besser annehmen.« Solche Worte kann ich nicht genug hören. Sie führen mich in ein gutes Gleichgewicht. Wenn ich mir mit Leidenschaft und Disziplin Freiräume zum Schreiben schaffe und eine erdrückende innere »Über-Ich-Stimme« mir ein schlechtes Gewissen machen will, weil es doch so viel Wichtigeres zu tun gäbe, dann erinnere ich mich gerne an die Ermutigung meines Weggefährten, erst recht bei mir zu bleiben, weil dies langfristig vielen zugute kommen wird. Ich bin nie Einzelner, sondern immer Teil eines Ganzen. Verantwortung zu übernehmen und sie auch abzugeben, heißt der Schlüssel zu Überraschungen, die mir zufallen können.

Ingmar Bergman erzählt in seiner Autobiografie »Laterna magica« von einem besonderen Moment beim Drehen seines genialen Films »Fanny und Alexander« (1982, S. 91): »Manchmal ist es ein ganz besonderes Glück, Filmregisseur zu sein. Ein ungeprobter Ausdruck wird im Augenblick geboren, und die Kamera registriert diesen Ausdruck. Genau dies geschah heute. Unvorbereitet und ungeprobt wird Alexander sehr blass, auf seinem Gesicht zeichnet sich reiner Schmerz ab. Die Kamera registriert den Augenblick. Der Schmerz, der ungreifbare Schmerz, war einige Sekunden lang da und kam nie mehr zurück. Es hatte ihn auch vorher nicht gegeben, aber dieser kleine Filmstreifen fing den Augenblick ein. In solchen Momenten finde ich, dass sich Tage und Momente geplanter, strukturierter Ordentlichkeit gelohnt haben. Möglicherweise lebe ich für diese kurzen Momente. Wie ein Perlenfischer.«

Lassen wir uns nicht blenden von Ingmar Bergman. Auch unsere innere Kamera nimmt solche unerwarteten Momente auf, für die es sich zu leben lohnt. Wir kennen sie, die nicht haltbar sind und nie verloren gehen. Ab und zu achtsam bei sich zu verweilen, um solche Glücksmomente von Freude und Leid zu würdigen, lassen uns das Verbindende eines einmaligen, spirituellen Weges erahnen.

»Kraftübungen« für den Alltag

Große Lebensthemen, wie ich sie in diesem Buch entfalte, möchten reflektiert, meditiert und in den Alltag integriert werden. Spiritualität lebt von der Spannung, darauf hinzuweisen, dass das Wesentliche ganz nah ist und uns zugleich übersteigt. Kleine »Kraftübungen« im Alltag sind eine konkrete Möglichkeit, nicht in den großen Ideen stecken zu bleiben, sondern sie Tag für Tag in die Schönheit und Komplexität des Lebens hineinzuweben. Am Ende eines jeden Kapitels stelle ich daher ganz einfache Impulse vor, die sich jedoch gar nicht so leicht in den eingespielten Alltagsrhythmen umsetzen lassen. Auf einem spirituellen Weg braucht es ein konstantes Training wie beim Sport, beim Lernen einer Fremdsprache, beim Musizieren. Entscheidend ist die Grundhaltung: Übung, Regelmäßigkeit, Dranbleiben ist wichtig, obwohl existenzielle Themen nie »machbar« sind wie beispielsweise das Erlernen eines Musikstücks oder einer Turnübung.

Bei mir zu sein fängt mit einem achtsamen Atmen an. »Heute schon geatmet?!« Ich kann Verkrampfungsreflexe verwandeln, indem ich den Tag hindurch beim Aufstehen, beim Gehen von einem Raum in den anderen tief ein- und ausatme, meine Schultern lockere, meinem Leib Entspannung gönne.

- In schwierigen Situationen, in denen die Angst mich lähmen will, achte ich besonders auf meine Körperhaltung. Meine Füße sind fest auf dem Boden, das tiefe Ein- und Ausatmen richtet mich von innen her auf. Je mehr ich gefordert bin, desto mehr achte ich auf einen festen Stand, damit ich meinen Stand-Punkt einbringen kann.

- In meinem Kalender schreibe ich Verabredungen mit mir selbst auf. Ich gönne mir jeden Tag eine halbe Stunde Zeit zum Innehalten: im stillen Sitzen, im achtsamen Gehen, im Yoga oder Qi Gong.

- Falls ich gefangen bin in der Vorstellung, zu wenig Zeit für mich zu finden, dann gehe ich dieser Ohnmacht nach: Welches Menschenbild steckt dahinter, welche Sozialisationsmuster hindern mich, auch für mich zu sorgen? Wie sieht mein Tagesablauf aus, finden sich darin wirklich keine Nischen der Stille?

Mir ist es wichtig, dass ich mein Leben und Handeln nicht in Persönliches und Politisches aufspalte, weil alles, was wir tun, auch eine gesellschaftliche Bedeutung hat. Ich überlege mir daher oft: Was kann mir helfen, mein »Bei-mir-Sein« auch als sozialen Beitrag für diese Welt zu verstehen?

2.

Du bist mehr als deine Verletzungen

Es besteht kein Zweifel: Ich liebe vor allem Filme, in denen Menschen zu sich selbst befreit werden, und bevorzuge vor allem solche, in denen Menschen trotz Traumatisierungen und Ungerechtigkeiten am Schweren wachsen und reifen. Abgrundtiefe, schmerzliche Kindheitserfahrungen gehören auch wesentlich zu meinem Lebensweg. Wenn ich unermüdlich Menschen ermutige, ihre Opferrolle zu verlassen, dann tue ich dies, weil ich selbst erlebt habe, wie schmerzvoll und vor allem wie lange ein Heilungsprozess dauern kann. Ich habe mich viele Jahre lang verbiegen lassen, habe Krieg gegen mich selbst geführt. Erst mit 49 Jahren war ich stark genug, um wirklich geradezustehen für mein Leben und um mir zu erlauben, einen Mann zu lieben und mich von ihm lieben zu lassen. Ohne therapeutische Hilfe hätte ich es kaum geschafft, mich nicht weiterhin abzuwerten, weil ich so lange gebraucht habe, um authentisch zu werden. Darum suche ich bis heute intensiv nach spirituellen Deutungen, die nicht zu schnell vertrösten, sondern den Zugang zur eigenen Lebenskraft auch als einen langen Weg in die Kraftlosigkeit sehen. Erst im Annehmen und Aushalten der eigenen Ohnmacht kann ich zu neuer Lebendigkeit erweckt werden. Ein Satz aus dem jüdischen Talmud verdichtet diese Hoffnungsspur, die sich interreligiös in allen geerdeten spirituellen Wegen findet: »Nur ein zerbrochener Leib ist ein ganzer Leib.«

Damit soll das Leid auf dieser Welt auf keinen Fall gesucht und schon gar nicht verherrlicht oder zu schnell spirituell überhöht werden. Heiliger Zorn umfängt mich, wenn durch gut gemeinte Rat-Schläge wie »nicht zu schlimm, Kopf hoch, das Leben geht weiter« traumatisierte Menschen erneut mundtot gemacht werden sollten. Neue verbale Gewalt nenne ich jene Beruhigungsversuche wie: »Stell dich nicht so an, es ist doch schon über 50 Jahre her!« Natürlich ist es auf einem therapeutisch-spirituellen Weg entscheidend, sich wieder dem Leben zu öffnen und seinen unerschöpflichen Möglichkeiten. Darum bin ich so leidenschaftlich gerne Christ, weil mir da zugesprochen wird, in ausweglosen Situationen vom Dunkel zum Licht geführt zu werden. Durch-kreuzte Lebenspläne können zu einer Wachstumschance werden. Ich habe selbst erfahren, dass im »Zu-Grunde-Gehen« eine Kraft liegt: meiner Blockierung und Erstarrung auf den Grund zu gehen, damit sie im Durchschreiten langer Durststrecken zu einer neuen Lebendigkeit führen können. Diese prägende Erfahrung verdichtet sich in meinem Lebensthema: Verwundet bin ich und aufgehoben. Darum rühren mich diese wenigen Worte aus dem Talmud immer wieder ganz tief an, weil ich ganz Mensch werden kann, wenn Verletzungen, Dünnhäutigkeit und Zerbrechlichkeit als *ein* Teil von mir auch zu meinem Wachsen und Reifen gehören dürfen. »Hinabsteigen in die Unterwelt und auftauchen ins neue Leben« nennt es die griechische Mythologie. Als »dunkle Nacht der Seele« beschreibt der spanische Mystiker Juan de la Cruz (1542–1591) die Erschütterungen im Leben, die wir wie ein Erdbeben erfahren können, weil kein Stein auf dem anderen bleibt. Seine Spur ist wesentlich von der islamischen Sufi-Mystik inspiriert – interreligiös verbindet uns viel mehr als wir meinen. Wenn ich diese uralten Lebensweisheiten, die in den Grenzerfahrungen unseres Daseins entfaltet wurden, in verschiedenen Kinofilmen wiederfinde, dann erfahre ich Halt und Zuversicht. Diese Verbundenheit in der Vielfältigkeit schenkt mir eine Perspektive. Die heilende Geistkraft weht, wo sie will. Unaufhaltsam fließt sie als Lebenswasser, allen Hindernissen zum Trotz, mitten in unsere dürren Lebensetappen hinein und zeigt uns auf, dass es auch ein Leben *vor* dem Tod gibt. Wir finden es, wenn wir dem Schönen und dem Schweren auf den Grund gehen, in der Dankbarkeit und in der Verlorenheit. Auch Rumi (1207–1273), der persische Mystiker, der bis heute die tanzenden Derwische inspiriert, verdichtet diese Ermutigung zum Tiefgang in den Worten:

> *»Wenn du dir eine Perle wünschst,*
> *such sie nicht in einer Wasserlache.*
> *Denn wer Perlen finden will,*
> *muss bis zum Grund des Meeres tauchen.«*

Sich nicht mit Verletzungen identifizieren

»Eine Perle Ewigkeit« (2009) heißt der peruanische Film der Regisseurin Claudia Llosa (* 1976), der bei den Internationalen Filmfestspielen 2009 in Berlin den »Goldenen Bären« erhalten hat. Poetisch-kraftvolle Bilder erzählen vom Erwachen von Fausta, einer jungen Frau, die sich zu sehr mit der Vergewaltigung ihrer Mutter identifiziert hat, die ihr während der Schwangerschaft mit ihr widerfahren ist. Der Originaltitel dieses Films lautet: »*La teta asustada*«, was so viel wie »die verschreckte Brust« bedeutet. Der Titel umschreibt deutlich das Trauma von Fausta: Die Schreckenserfahrung der Mutter saugt das Baby mit der Muttermilch auf. Der Film beginnt mit einer sehr langen Großaufnahme des Gesichtes der sterbenden Mutter, die nochmals ihr ganzes Leid besingt. Das Gesicht der wunderschönen Tochter Fausta ist nur halb zu sehen. Sie kann noch nicht ganz leben, weil die Angst sie umzingelt. Ausdrucksstarke Bilder, denen ich mich nicht entziehen kann. Sie wühlen mich auf und zeigen mir, dass ein Befreiungsweg aus der inneren Gefangenschaft möglich ist. Fausta geht ihn, indem sie immer wieder singend ihren Schmerz ausdrückt. Als sie eine Stelle als Hausmädchen bei einer Pianistin findet, macht die reiche Künstlerin ihr das Angebot, dass sie für jedes Schmerzenslied, das sie ihr vorsingt, eine Perle erhält. Dieser einfühlsame Film stärkt mein Vertrauen, dass unsere Wunden zu Perlen werden können.

Die Pianistin baut dann jedoch die Lieder von Fausta in ihr Bühnenprogramm ein, ohne sie als Urheberin zu erwähnen. Der Erfolg soll nur ihr gehören. Schonungslos zeigt der Film, wie subtile Ausbeutungsstrukturen, die unter dem Deckmantel der Hilfe wuchern können, neue Ungerechtigkeiten schaffen. Trotz dieser ernüchternden Erfahrungen wehrt sich Fausta und befreit sich von der Vergangenheit ihrer Mutter, indem sie die Regie für ihr Leben nicht mehr den dunklen Stimmen in ihrem Inneren überlässt, sondern es selbst in die Hand nimmt.

Dieser feinfühlige Film macht Mut, lebensbehindernde Muster der Fremdbestimmung zu durchbrechen. Ein Aufbruch aus der Versklavung findet sich auch in vielen religiösen Geschichten. Es gehört wesentlich zu einem spirituellen Weg, zuallererst zu entdecken, wer oder was mich daran hindert, blockiert, lähmt, an meine Kraftquelle zu gelangen. Ein Heilungsweg ohne einen solchen Abstieg in den Schmerz, in die Grundsäulen ungelebten Lebens, ist kaum möglich. Schönreden und »Positives Denken« unterstützen dabei nicht, sondern können ganz im Gegenteil sogar Angstmuster weiter nähren.

Es schreit in mir
Angst hält grausam
all meine Lebenskräfte
im Misstrauen gefangen

Meine Buntheit kann sich
nicht entfalten
sie ist eingeschlossen
im Gefängnis der Entfremdung

Angst vor dem Leben
Angst vor Begegnungen
Angst vor der Zukunft
lähmt meinen Handlungsspielraum

Meine blockierende Angst
wird nicht mehr die Regie übernehmen
ich nehme sie an der Hand
grenze sie ein mit meiner Vertrauensspur

Schwäche zu zeigen ist eine Stärke

Das Lebensthema »Aus seiner Kraft leben« bzw. »Zugänge zur eigenen Kraftlosigkeit zu finden« ist ganz spezifisch auch ein Männerthema. Uralte Initiationsriten, die archetypisch vier Aspekte männlicher Identitätsfindung entfalten, bleiben höchst aktuell, solange vor allem Männer immer cool, potent, leistungsfähig, erfolgreich sein sollten. Archetypische Symbole wie der Kämpfer, der Weise, der Liebhaber, der König/Vater entwerfen ein Menschenbild, in dem sich Stärke und Verletzlichkeit ergänzen.

Gus van Sant (* 1952) gestaltet bemerkenswerte Filme über unangepasste schwierige Jugendliche. Seit seinem bekannten Film »My Private Idaho« (1991) mit Keanu Reeves und River Phoenix entwirft er eindrückliche Porträts von jungen Männern, die sich mühsam ihren Platz im Leben erkämpfen müssen. So auch in seinem Film »Good Will Hunting« (1998). Hier spielt Robin Williams (1951–2014) überzeugend einen Therapeuten namens Sean Maguire, der den hochbegabten Teenager Will Hunting, dargestellt von Matt Damon, vorsichtig von seinem Schutzpanzer befreit. Ich sehe in diesem Film, der zwei Oscars erhalten hat, eine Ermutigung für alle Männer, einen Zugang zu ihren Emotionen und zu verdrängten Verwundungen zu finden. Die heute bekannten Hollywood-Stars Ben Affleck und Matt Damon haben als junge Erwachsene das Drehbuch dieses Films geschrieben, was bemerkenswert ist. Es zeigt mir, dass der Umgang mit der eigenen Zerbrechlichkeit ein universales Lebensthema ist, das immer wieder in unseren verschiedenen Lebensetappen auftauchen kann. Gus van Sant hebt deutlich hervor, dass es gerade für Männer sehr wichtig ist, sich auch von anderen Männern unterstützen zu lassen. Diese Ermutigung tut mir sehr gut. Sie taucht auch in van Sants Film »Finding Forrester« (2000) auf: Der berühmte Schriftsteller Forrester (Sean Connery) führt den 16-jährigen Jamal in die Kunst des Schreibens ein. Ich blühe auf, wenn Forrester dem Teenager eine alte Schreibmaschine hinstellt und sagt: »Schreiben, nicht denken! Der erste Schritt beim Schreiben besteht darin, nicht zu denken.« Was für eine Aussage! Ich finde in diesen Worten meine ganz besondere Art und Weise zu schreiben wieder. Ich warte auf Worte! Ich will nicht nur vom Willen und vom Kopf her schreiben, sondern ich warte, bis *es* in mir schreibt. Voller Erwartung nichts erwarten – schreiben, ohne zu denken! Ich denke viel, lese viel, reflektiere viel. All dies fließt in mein Schreiben hinein. Doch ich will einen Zwischenraum offen lassen für Unerwartetes, Ungedachtes, das mir zufallen kann. Genau darum geht es auf einem spirituellen Weg: nicht immer die Kontrolle zu bewahren, sondern sich gehen zu lassen. Es schreiben, gestalten, arbeiten, malen, tanzen, rennen, singen zu lassen! Diese Lebensqualität ist für Männer und Frauen von zentraler Bedeutung. Sie eröffnet uns unerwartet neue Möglichkeiten, auch in scheinbar ausweglosen Situationen. Wir können alle Künstler und Künstlerinnen sein und werden, die diese Lebenskunst des Zupackens und des Geschehenlassens in ganz unscheinbaren Alltagssituationen fördern, damit Ordnung und Chaos keine Gegensätze mehr sind.

Beim Schreiben dieser Zeilen erfahre ich am 11. August 2014 mit großer Betroffenheit vom Tod Robin Williams. Er konnte unzählige Menschen zum Lachen bringen und litt selbst an großen Depressionen – ein trauriger Clown. Im Kultfilm »Der Club der toten Dichter« (1989) des australischen Regisseurs Peter Weir (* 1944) spielt er genial den Lehrer John Keating, der bei seinen Schülern die Gabe der Fantasie, der Poesie, des Humors und der Widerstandskraft weckt. Am Ende des Films wird offensichtlich, was unser Leben lebenswert macht: Einige Studenten steigen auf ihre Schulbank, obwohl ihnen der Schuldirektor mit Schulverweis droht, um ihre Loyalität mit dem entlassenen Lehrer John Keating auszudrücken. Das Leben aus einer anderen Perspektive anzuschauen ist eine gute Umschreibung einer spirituellen Blickrichtung. Einige von seinen Schülern werden die Lebenskunst von Mr. Keating, sein »Carpe diem – Genieße oder pflücke den Tag«, auch nach seinem Weggang in ihren Alltag hineinweben.

Berührender Lebenskreis
hineinbewegt werden
ins Beseeltsein
der Schöpfung

Kein Gedankenkarussell mehr
unerwartet hineingenommen
in die erotische Kraft
eines zärtlichen Lebenstanzes

Nacktes Jetzt
frei eingebunden
in den Beweggrund
der Ewigkeit

Sich gehen lassen
selbstvergessen
in höchster Präsenz
einfach bewegt sein

Wahrnehmen, was ist

Nicht in der Opferrolle stecken zu bleiben, nicht auf das Negative im Leben fixiert zu bleiben, ist eine lebenslange Aufgabe, die anspruchsvoll und komplex ist. Nebst einem intensiven therapeutischen Weg und einer meditativen Praxis haben Bücher und Filme mich bestärkt, mich vertrauensvoll einer heilenden Verwandlung anzuvertrauen. Die Filme des finnischen Regisseurs Aki Kaurismäki (* 1957) sind mir ans Herz gewachsen, weil in seinem Werk die Würde der Kleinen und Geschundenen mit großem Respekt hochgehalten wird. Ich wehre mich, wenn sie als pessimistische Filme abgestempelt werden, weil die meisten seiner Filme wie viele Lebensgeschichten kein Happy End haben.

»Laut zu sagen, was ist, bleibt die revolutionärste Tat« – diese wenigen Worte von Rosa Luxemburg ermutigen dazu, als wichtige humanitäre Aufgabe das zu benennen, was Menschen zerbricht und demütigt. Wahrzunehmen, was ist, um darin eine göttliche Spur zu erahnen, sehe ich als Eingangstor zu einer spirituellen Deutung der Welt. Natürlich tut es mir auch gut und ich bin sogar überrascht, wenn in seinem letzten Film »Le Havre« (2012) sein Plädoyer für mehr Geschwisterlichkeit mit einem blühenden Kirschbaum endet. Hier die Geschichte des Films: Marcel Marx, ein früherer Literat und Lebenskünstler, zieht von Paris nach Le Havre und verdient sich seinen Lebensunterhalt als Schuhputzer. In seiner winzigen Wohnung versteckt er den afrikanischen Flüchtlingsjungen Idrissa. Um ihm den Beruf des Schuhputzers schmackhaft zu machen, sagt er ihm: »Es gibt bessere Berufe, aber außer als Schäfer ist man den Menschen so am nächsten. Es sind die Einzigen, die noch die Bergpredigt respektieren.« Mit einem Benefizkonzert kann Marcel am Ende dem Jungen eine Schifffahrt nach London bezahlen, auch dank der gut eingespielten Nachbarschaftshilfe. Worte und Bilder erfüllt von tiefster Mitmenschlichkeit stiften in diesem berührenden Film dazu an, an das Unmögliche zu glauben. Das zeichnet alle Filme von Aki Kaurismäki aus, weil in seinen Werken sozusagen der Rand zur Mitte wird: Menschen, die im Schatten einer egoistischen Konsumgesellschaft um ihr Überleben kämpfen, erhalten in seinen Filmen eine einmalige Geschichte, die von ihrer einzigartigen Würde erzählt.

Bild und Wort im Dialog

Ich gehe als Sprachliebhaber gerne ins Kino, weil dort Worte durch Bilder eine größere Resonanz erhalten und weil Bilder durch Worte in neuer Tiefe und Weite gesehen werden können. Ganzheitliches Hören und Sehen wird möglich, das uns bestärken möchte, ganz Mensch zu werden, mit all seiner Kraft und seiner Zerbrechlichkeit. Der britische Regisseur Ken Loach (* 1936), der mich seit seinem Film »Kes« (1969) durch seine sozialrealistischen

Filme immer wieder bestärkt, mehr tun zu können, als ich erahne, sagte in einem Interview: »Ich ärgere mich immer darüber, dass die Worte im Kino so extrem unterschätzt werden. Unter Filmemachern gibt es diese Ketzerei gegen die Worte, als müsse man alles mit den Bildern sagen. Doch Fiktion ist Drama, und das Drama arbeitet mit Sprache. Über sie entsteht Beziehungen zwischen Menschen, über sie kommt sie zu Entscheidungen, drückt Konflikte aus, formuliert präzise Ideen. Sprache vermittelt die Herkunft eines Menschen, seine Lebensgeschichte, seine Art zu denken. All das bedeutet, dass Sprache ein essenzieller Teil des Filmemachens ist und nicht nur eine Nebensache, die hinter den Bildern zurücktritt.«

Da bin ich voll dabei! In seinem letzten Film »Jimmy's Hall« (2014) über den irischen Arbeiterführer Jimmy Gralton taucht sein Lebensthema nochmals auf, dass sich nämlich Engagement und Lebenslust ergänzen: In Irland versammeln sich um 1930 Menschen in einem alten Tanzsaal. Sie diskutieren, tanzen, malen, sie lesen sich gegenseitig Gedichte vor und suchen miteinander nach Widerstandsformen für ein gerechteres Zusammensein.

Literaturverfilmungen

Romane und Filme können eine Anstiftung zu einem politischen Engagement sein. Wort und Bild können sich gegenseitig inspirieren, obwohl Literaturverfilmungen oft sehr anspruchsvoll sind. Ich bin meistens enttäuscht, wenn ich die Verfilmung eines Buches anschaue, das ich schon gelesen habe. Ausnahmen bestätigen die Regel: Mein Lieblingsfilm aus der Schweiz, »Die Spitzenklöpplerin – La Dentellière« (1977), des Genfer Regisseurs Claude Goretta (* 1929) ist viel dichter und intensiver als der Roman von Pascal Lainé. Darin begegne ich der französischen Schauspielerin Isabelle Huppert (* 1953), die in einer ihrer ersten Rollen eine introvertierte junge Frau spielt. Ihr intensives Darstellen einer Frau, die ihren inneren Reichtum nicht ausdrücken kann, ist mit das Berührendste, was ich im Kino gesehen habe. Ihre partnerschaftliche Beziehung zerbricht an ihrer Sprachlosigkeit, und sie findet sich nur noch in einer Klinik zurecht. 35 Jahre sind es her, seit ich diesen Film das erste Mal gesehen habe – und seither weitere sieben Mal. Immer wieder wühlt mich dieser Film auf und bestärkt mich darin, dass es sich lohnt, auch unscheinbaren Menschen ein Denkmal zu setzen, weil sie uns lehren, unsere eigene Verletzlichkeit zu umarmen.

Ein hervorragendes Zusammenspiel von Wort und Bild finde ich im Film »Die Wand« (2012) vom österreichischen Filmemacher Julian Pölsler (* 1954). Das geniale Buch von Marlen Haushofer (1920–1970), das 1963 veröffentlicht wurde, galt als unverfilmbar. Trotzdem wagte Julian Pölsler es. Er fand atemberaubende Bilder zur Geschichte einer Frau, die alleine in einer Berglandschaft »eingeschlossen« bleibt, weil sie nach der Abfahrt des befreundeten Ehepaares, die sie dorthin gebracht hatten, durch eine Glaswand gefangen ist. Mit den Tieren, die in der Nähe der Berghütte sind, bleibt sie alleine zurück. Es beginnt für sie eine abenteuerliche Reise nach innen. Sie schreibt im Folgenden alles auf, was sich in ihr und um sie herum bewegt bzw. stillsteht. Martina Gedeck spielt diese Frau in einer Intensität und Glaubwürdigkeit, die mir unvergessliche Bilder schenken. Ihr Gesichtsausdruck lässt mich tief in ihre geheimnisvolle Seele schauen. Die dichten Worte des Romans klingen kraftvoll nach in den wunderbaren Naturaufnahmen. Selbsterkenntnis ist unverzichtbar, um dem Geheimnischarakter unseres Lebens auf die Spur zu kommen. Während des Schreibprozesses erklingt die Stimme der Frau, die ausspricht, was unaussprechbar ist: »Allmählich fing ich an, mich aus meiner Vergangenheit zu lösen und in eine neue Ordnung hineinzuwachsen.« Aus diesen Worten spricht für mich der Mut, sich nicht zu reduzieren auf die Erschütterungen, die einem zugemutet werden können im Leben, sondern sie behutsam-bestimmt zu durchschreiten. Besser kann ich nicht ausdrücken, was ich den Teilnehmenden wünsche, wenn sie zu einem meiner Schweigeseminare kommen. Weiter schreibt die unfreiwillige Einsiedlerin: »Ich gab meine sinnlose Flucht auf und stellte mich meinen Gedanken. Es kam dabei gar nichts heraus … Jetzt bin ich ganz ruhig. Ich sehe ein kleines Stück weiter. Ich sehe, dass dies nicht das Ende ist. Alles geht weiter. Meine toten Tiere wird es nie wieder geben. Aber etwas Neues kommt heran, und ich kann mich ihm nicht entziehen.«

Kraftvolle Worte, die ich gerne in Verbindung bringe mit der Frucht eines inneren Weges: in Einklang mit sich selbst sein, trotz Verwundungen; eine neue Weite erfahren, trotz Begrenzungen; eine Öffnung erleben, trotz Enge; auch im Nichtvertrauen ein Vertrauen spüren. Die Bilder des Films gehen von der Dunkelheit zum Licht: Am Ende des Films können wir Aufnahmen von einer goldenen Natur genießen, weil auch die Schöpfung uns heilende Kraftorte schenkt.

Die Worte und Bilder dieses Films können Menschen in der Krise eine Deutungshilfe sein. Als ich in meiner Burnout-Zeit in einer langen depressiven Verzweiflung feststeckte, habe ich mich beispielsweise wie hinter einer Wand abgeschnitten gefühlt von der Mitwelt. Mein Radius war sehr klein: Schaffe ich es heute bis zum Waschbecken, um die Zähne zu putzen? Durch diesen Film bin ich wieder in Berührung gekommen mit meiner Geschichte, und das ist gut so. Es ist heilsam zu würdigen, was Menschen durch eine schwere Krankheit, durch Mobbing, eine Kündigung oder den Tod eines Kindes, des Partners, der Partnerin erfahren. So können sie sich selbst mit mehr Wohlwollen begegnen und Schritte wagen in eine unbekannte Zukunft.

Mitten in der Verzweiflung
eine innere Berührung spüren
die erinnert an durchwachte Nächte
die zum Segen wurden

Mitten in der Dunkelheit
ein inneres Licht sehen
das erzählt von Sternstunden
die sich unerwartet ereignen

Mitten in der Verlorenheit
eine innere Begleitung erahnen
die erweckt zum Vertrauen
das bestärkt zum Neuanfang

Mitten in der Ausweglosigkeit
eine innere Hoffnungsspur erkennen
die zurückwirft auf sich selbst
mitten hinein in einen Heilungsprozess

»Kraftübungen« für den Alltag

Achtsamkeit auf unsere Wortwahl kann eine Lebenshilfe sein, um nicht im Verwundetsein oder in der Enttäuschung stecken zu bleiben. So wie unsere Körpersprache unsere geistige Haltung ausdrückt, können uns Worte Kraft schenken oder auch nehmen. Kleine Unterschiede in der Formulierung können eine große Wirkung haben:

- Ich nehme den Unterschied wahr zwischen den Worten »es geht nicht« und »*im Moment* geht es *noch* nicht«. Während mehrerer Monate versuche ich, »Entweder-Oder«-Aussagen in »Sowohl-als-auch«-Sätze« zu verwandeln.

- Ich überprüfe, ob ich mehr Lebenskraft und Zuversicht spüre, wenn ich anstelle von »ich kann das nicht« mir zuspreche: »*Nur für heute versuche ich …*«

◻ Was banal klingt, kann eine lange Zeit brauchen, um in den alltäglichen Sprachgebrauch integriert zu werden: Ich überwinde »Man«-Sätze durch klare Ich-Botschaften, die ausdrücken, dass ich bereit bin, mein Leben in die Hand zu nehmen.

◻ Konkrete Zugänge zu meiner inneren Kraft können sich auftun, wenn ich anstelle von »ich muss« kraftspendende Worte wie »*ich kann*« oder »*ich darf*« verwende.

◻ Ich achte ab und zu auf meine innere Haltung, damit ich mich nicht mehr *gegen* etwas wehre, sondern mich *für* etwas einsetze. Mein Handeln aus innerer Kraft wird gestärkt durch lebensbejahende Aussagen.

3.

Erwache zum Träumen

Ich schätze die engagierten Filme der dänischen Regisseurin Susanne Bier (* 1960) sehr. Es gelingt ihr, ethische Themen filmisch in spannenden Geschichten einzubringen. Komplexe Gewissensfragen werden lebensnah entfaltet. Nach kurzer Zeit bin ich mitten im Geschehen des Films, und es ist mir kaum möglich, nur Zuschauer zu sein: Wie würde ich handeln, was würde ich sagen und tun? Dies kann beklemmende Gefühle auslösen, denen wir uns nicht entziehen dürfen, weil wir alle in einem Boot sitzen. Eingebunden zu sein in ein größeres Ganzes heißt eine der Kernaussagen einer spirituellen Lebensgestaltung. Ich kann nie nur für mich alleine glücklich werden. Ankommen bei mir selbst, eintauchen in ein Urvertrauen lässt mich auftauchen mitten in der Ungerechtigkeit dieser Welt. Die Filme von Susanne Bier bringen mich in diese lebensnot-wendige Spannung hinein, auch dank ihrer Hauptfiguren, die oft in zwei Ländern tätig sind. Ihr Film »In einer besseren Welt« (2010) hat den begehrten Oscar für den besten fremdsprachigen Film erhalten – zu Recht. In diesem packenden Drama geht es um die zentrale Lebensfrage, ob Gewalt durch gewaltfreien Widerstand eingedämmt werden kann. Sie betrifft Jung und Alt. Die Geschichte: Der überzeugte Pazifist Anton arbeitet einige Monate pro Jahr als Arzt in einem afrikanischen Land, das durch einen Bürgerkrieg von Gewalt und Leid geschüttelt wird. Anton lebt und arbeitet auch in Dänemark. Er ist getrennt von seiner Frau, doch in intensivem Kontakt mit seinem 12-jährigen Sohn Elias. Der introvertierte Junge

erlebt an seiner Schule psychische und physische Demüti-
gungen durch seine Klassenkameraden. Die monatelange
Abwesenheit seines Vaters führt ihn in eine große Einsamkeit. Er kann sich nicht wehren, bis ein neuer Schüler auf-
taucht, Christian, der ihm klar aufzeigt, dass Gewalt nur
durch Gegengewalt gelöst werden kann. Diese realistische
Einschätzung erlebt auch sein Vater in Afrika, weil ein bru-
taler Stammesführer aus Spaß schwangeren Frauen den
Bauch aufschneidet und nur durch Gewalt gestoppt werden kann. Gewalt in Afrika und auf dem Schulhof: Wie
lässt sich trotzdem am Glauben an eine bessere Welt fest-
halten? Susanne Bier mutet dem Kinobesucher viel zu, sie
lässt sie die Komplexität der vielfältigen Gefühlsstimmun-
gen der Hauptfiguren aushalten, zeigt ethische Grenzfra-
gen auf und bringt sie mit eindrücklichen Naturstimmun-
gen aus beiden Ländern in Verbindung mit der inneren
Seelenlandschaft des Zuschauers. Ähnlich agierte sie schon
in ihrem eindrücklichen Film »Nach der Hochzeit«
(2007), in dem der hervorragende dänische Schauspieler
Mads Mikkelsen einen Entwicklungshelfer spielt, der in
Indien mit Straßenkindern arbeitet. Er erhält von einem
reichen Unternehmer die Zusage für eine große Spende
unter der Bedingung, sie selbst in Kopenhagen abzuholen.
Das Aufeinanderprallen gegensätzlicher Meinungen, die
zu einem differenzierten Handeln herausfordern, macht
die besondere Qualität dieser Filme aus. Sie eignen sich
sehr gut, um zu klären, wo und wie ich mich engagieren
möchte.

Beherzt leben
nicht mehr trennen
was zusammen
gelebt werden möchte:
Gefühl und Verstand
Intuition und Klugheit

Beherzt leben
von innen her
sich aufrichten lassen
zu einer Verbundenheit
die Menschlichkeit stärkt:
Widerstand und Mitgefühl

Beherzt leben
ankommen im Augenblick
liebend unterwegs sein
kämpferisch-gelassen
verspielt-verantwortungsvoll
entschieden-selbstvergessen

Stärker, als ich denke

In unserer Küche hängt seit vielen Jahren ein Gedanke des amerikanischen Trappistenmönches Thomas Merton (1915–1968). Je mehr er sich in die Stille zurückzog, umso klarer hat er zum Entsetzen vieler politische Stellungnahmen veröffentlicht. Er setzte sich für ein Ende des Vietnamkrieges ein. Je mehr er sich als Christ fühlte, umso mehr setzte er sich für einen interreligiösen Dialog ein. Er schrieb in sein Tagebuch: »Vielleicht bin ich stärker, als ich denke. Vielleicht fürchte ich mich vor meiner Stärke und wende sie gegen mich selbst, um mich selbst schwach zu machen. Vielleicht fürchte ich am meisten die Stärke Gottes in mir.«

Als ich diese Worte zum ersten Mal gelesen habe, dachte ich, dass sie nur für mich geschrieben worden seien. Sie drücken die Schattenseiten einer religiösen Sozialisation aus, nach der Menschen ihr Licht, ihre Talente vergraben sollen – obwohl dies nach dem Lebensbruder aus Nazaret das Schlimmste ist, was uns passieren kann! »Mögen hätt ich schon wollen, aber dürfen habe ich mich nicht getraut«, umschreibt der Münchner Karl Valentin (1882–1948) diese Zurücknahme der eigenen Kraft. 40 Jahre habe ich mich nicht getraut zu schreiben, obwohl ich schon als Junge gespürt habe, dass der Himmel mir diese Gabe geschenkt hat. Ich ließ mich beirren von lebensfeindlichen Worten wie: »Hochmut kommt vor dem Fall – wo kämen wir hin, wenn alle tun würden, was ihnen Spaß macht?« Bis heute wenden zu viele Menschen durch ein mangelndes Selbstwertgefühl ihre Lebenskraft gegen sich selbst. Aus Angst vor Liebesentzug, vor Futterneid, vor Kritik trauen sie sich nicht, sich selbstbewusst in die Mitte zu stellen, obwohl dies allen zugute kommen würde. Thomas Merton betont zum Glück, dass wir dadurch auch die göttliche Lebenskraft in uns behindern und blockieren. Unsere Welt braucht dringend beherzte Menschen, die Gott in sich träumen lassen, wie es die kämpferische Theologin Dorothee Sölle (1929–2003) poetisch-kraftvoll ausdrückte. Als ich im Sommer 2014 wieder an ihrem Grab in Hamburg stand, habe ich ihr einmal Danke gesagt für ihren Aufruf zum Widerstand, der zu jedem inneren Weg gehört: erwachen aus dem Schlaf der Oberflächlichkeit und des Funktionierens, erwachen zum Träumen von einer Welt, in der Frieden in Gerechtigkeit viele Chancen gegeben werden. Seine Lebenskraft noch mehr zu entfalten und sie mit anderen kreativ-beharrlich-lustvoll einzusetzen, auch für Notleidende, heißt das Manifest zu einem erfüllten Dasein.

Vielen Filmemachern und Filmemacherinnen bin ich sehr dankbar für ihren Mut, unbequeme Themen aufzugreifen. Grausamkeiten wie Völkermord dürfen wir nie vergessen. Durch die Erinnerung können wir wachsam bleiben. In einer jüdischen Lebensweisheit heißt es: »Das Geheimnis der Erlösung heißt Erinnerung.« Das Visionäre und das Prophetische gehören zu einer engagierten Innerlichkeit. Im Schöpfen aus unserer inneren Kraftquelle werden wir gestärkt, an das Unmögliche zu glauben. Nicht ein für alle Mal, sondern jeden Tag neu, trotzdem und erst recht, weil die Zeitungen voll sind von himmelschreienden Ungerechtigkeiten.

Shalom erfahren
genügen im Ungenügen
nicht mehr bewerten
nicht mehr weiter sein müssen
Vertrauen im Nichtvertrauen

Gesammelte Mitte
bewegt in sich ruhen
dankbar das Beseeltsein
der Schöpfung erfahren
heilendes Dasein

Shalom leben
unbequeme Friedensschritte wagen
Unrecht benennen und überwinden
mit Verbündeten beharrlich bleiben
Brot und Rosen teilen

Unser Lebenskrug
füllt sich im Leerwerden

Kraftvoll-schmerzliche Bilder

Als einfühlsam-sensibel-kraftvoller Mann ist es für mich nicht einfach, schmerzvolle Bilder im Kino anzuschauen. Ich stehe dazu: Manchmal schließe ich im Kino die Augen und Ohren, um mich zu schützen, und das ist auch gut so. Deshalb habe ich mir lange überlegt, ob ich den Film des britischen Regisseurs Steve McQueen (* 1969) »12 years a slave – 12 Jahre ein Sklave« (2013) anschauen will. Ich habe es getan, weil McQueen für mich zu den begabten Künstlern unserer Zeit gehört und weil ich überzeugt bin, dass wir dunkle Seiten unserer Menschheitsgeschichte nicht verdrängen dürfen. Schonungslos und mit glaubwürdigem Mitgefühl macht McQueen auf die Wundmale unserer Zeit aufmerksam, auch in seinen übrigen Filmen: Die letzten sechs Lebenswochen des IRA-Mitglieds Bobby Sands stehen im Zentrum seines ersten Films »Hunger« (2008). Wuchtige Bilder drücken jene brutale Realität von Gefangenen aus, von denen Amnesty International beharrlich berichtet. Als spiritueller Mensch will ich mich diesen schmerzvollen Bildern stellen, weil ich mich nie an Ungerechtigkeiten, Folter und Todesstrafe gewöhnen will. Auch der zweite Film von Steve McQueen »Shame« (2011) fordert mich emotional sehr. Selten wurde die Einsamkeit eines erfolgreichen jungen Mannes, der sexsüchtig ist, so eindringlich dargestellt, auch als Spiegelbild einer sinnentleerten Welt. Michael Fassbender spielt intensiv-stark die Hauptrolle in diesen beiden Filmen. Und auch im dritten

Film von Steve McQueen, »12 years a slave«, spielt er die zentrale Figur des sadistischen Sklavenhalters Edwin Epps, der glaubt, mit der Bibel seine Grausamkeit rechtfertigen zu können. Der Film basiert auf dem gleichnamigen Tagebuch von Solomon Northup, das erst jetzt in deutscher Sprache erschienen ist. Es beginnt mit folgenden Worten: »Als freier Mann geboren, der über dreißig Jahre lang die Segnungen der Freiheit in einem freiem Staat genoss – und am Ende dieser Zeit verschleppt und in die Sklaverei verkauft, wo ich verblieb, bis ich im Januar 1853 nach einer Gefangenschaft von zwölf Jahren glücklicherweise gerettet wurde –, wurde mir nahegelegt, dass eine Schilderung meines Lebens und Schicksals für die Öffentlichkeit nicht uninteressant sein könnte.« Beim Lesen dieser wahren Geschichte bin ich immer wieder berührt, entsetzt, voller Trauer und Wut. Berührend ist die Kraft, die die Worte von Solomon Northup ausstrahlen. Sie sind ein eindrückliches Zeugnis dafür, dass ein Hinauswachsen aus der Opferrolle möglich ist. Steve McQueen schreibt zu diesem Tagebuch: »Das Buch verschlug mir den Atem: der epische Umfang, die Details, das Abenteuer, der Horror und die Menschlichkeit. Es schien uns ebenso bedeutend wie ›Das Tagebuch der Anne Frank‹.« Der Film wird zum Meisterwerk und darf bei der Oscarverleihung im März 2014 die höchste Auszeichnung für den besten Film entgegennehmen. Zugleich erhält die junge Schauspielerin Lupita Nyong'o die Auszeichnung als beste Nebendarstellerin und das Gesamtwerk den Preis für die beste Drehbuchadaptation. Ein Triumph für einen Film, der sich mit einem so schwierigen und unbequemen Thema befasst, das leider hoch aktuell ist: Nach Angaben der Vereinten Nationen leben heute zwölf Millionen Menschen in einer modernen Form der Sklaverei wie Zwangsarbeit, Menschenhandel, Prostitution; jeder Zweite davon ist noch Kind. Dieser erschreckenden Tatsache dürfen wir uns nicht entziehen. Steve McQueen stellt sie uns in seinem hervorragenden Film klar vor Augen: Weil Solomon Northup sich gegen Ungerechtigkeit wehrt, wird er von drei weißen Männern an einem Ast aufgehängt. Einzig sein ausgestreckter Fuß ermöglicht ihm Kontakt mit dem Boden. Seine Augen drücken die Angst vor dem Tod aus, während um ihn herum das Leben weitergeht: Kinder spielen, andere Sklaven verrichten ihre Hausarbeit. Das Grausame gehört zur Tagesordnung. Minutenlang dringen diese Bilder als Mahnmal in mich hinein. Ich will sie nicht vergessen, weil ein spiritueller Mensch einübt, auch Schmerzvolles auszuhalten, damit daraus eine Widerstandskraft entstehen kann, die sich nicht in der Rache verliert. Nach dem Kinobesuch kaufte ich mir das Tagebuch, weil ich an diesem schmerzvollen Thema dranbleiben wollte. Beim Lesen begegnete ich einem Menschen, der seinen Überlebenskampf aufschreibt, weil er in aller Zerbrechlichkeit ein Hoffender bleiben will. Er benennt mit Präzision das strukturelle Unrecht und versucht zugleich, nicht im Hass stecken zu bleiben. Diese Gratwanderung gehört auch zu einem spirituellen Weg: hoffen in aller

Hoffnungslosigkeit, schreien in aller Sprachlosigkeit, vertrauen in einer Atmosphäre des Misstrauens.

Sich nicht mehr verbiegen lassen
keine Fremdbestimmung mehr dulden
eintauchen in die Weite des Meeres
die Kraft schenkt zum Sein

Sich nicht mehr gefangen halten lassen
von lebensverneinenden Mustern
aufbrechen zu neuen Horizonten
die Vertrauen stiften zum Aufblühen

Sich nicht mehr unterdrücken lassen
von menschenverachtenden Strukturen
kämpfen in Gewaltfreiheit
dranbleiben in beharrlicher Geduld

Sich nicht mehr kleinkriegen lassen
von verlogenen Institutionen
in Würde seinen Weg gehen
angekommen bei sich selbst

Gemeinsam träumen

»Wenn einer alleine träumt, ist es nur ein Traum.
Wenn viele gemeinsam träumen,
ist dies der Beginn einer neuen Wirklichkeit.«
Dom Helder Camara (1909–1999)

Kinofilme können uns unterstützen, damit wir gemeinsam erwachen zum Träumen. Die Kraft der Bilder kann uns zu einem gemeinsamen Aufbruch bewegen. Spiritualität ist nicht nur eine sehr persönliche Angelegenheit, sondern immer auch eine verbindende, weil es dabei ums Ganze geht. Beim Kinobesuch entscheide ich mich ganz bewusst dazu, mich zwei Stunden lang auf ein Thema einzulassen – zusammen mit anderen. Ich wünsche mir eine Kinokultur, in der nach dem Film gemeinsam diskutiert werden kann. Neben den anonymen Multiplex-Kinos wächst erfreulicherweise die Zahl der Filmfestivals, bei denen Film und Begegnung zusammengehören. Hierin liegt auch die Chance der kleineren Kinos, dass sie zu kulturellen Treffpunkten werden. Filme im Gottesdienst und Filmbesinnungstage können Menschen spirituelle Erfahrungen eröffnen, bei denen das Alltägliche und das Ewige nicht mehr getrennt wird. Meine Lieblingsschauspielerin Juliette Binoche (* 1964) erwähnte einmal ebenfalls diese Verbindung, die einen Freiraum zum Geschehenlassen eröffnet: »Die schönsten Filme kommen nicht aus der Realität, sondern aus dem Erhabenen. Es ist ein langer Weg: Man geht zwar von etwas sehr Realem aus, möchte aber zu etwas Ewigem gelangen. Ich brauche Filmemacher, die nicht versuchen, Kontrolle auszuüben, sondern mir die Freiheit geben. Dazu passt auch die Philosophie des Taoismus. Indem ein Regisseur alles zulässt, kann alles entstehen.«

In unserer visionsarmen Welt brauchen wir Orte, die uns zum Träumen anstiften. Eine andere Welt ist möglich. Menschen, die auch aus ihrer inneren Kraft heraus leben, können zusammen ver-rückte Hoffnungen wagen. Der buddhistische Mönch und Friedenskämpfer, Mitbegründer des »Engagierten Buddhismus«, Thich Nhat Hanh (*1926), der sich zusammen mit dem amerikanischen Mönch Thomas Merton für die Versöhnung von Vietnam und Amerika einsetzte, schreibt in seinem Buch »Das Herz von Buddhas Lehre. Leiden verwandeln – die Praxis des glücklichen Lebens«: »Ja, es gibt unendliches Leiden überall auf der Welt. Aber das Wissen darum braucht uns nicht zu lähmen. Wenn wir achtsames Atmen praktizieren, achtsames Gehen, achtsames Sitzen, achtsames Arbeiten, kehrt Frieden in unsere Herzen ein, und aus dieser Haltung heraus versuchen wir nach besten Kräften zu helfen. Es führt zu nichts, wenn wir uns nur sorgen und ängstigen. Selbst wenn wir uns noch zwanzigmal mehr Sorgen machten, würde das nicht helfen, die Situation in der Welt zu ändern.«

Durch Kinofilme kann mein Mitgefühl gestärkt werden. Filme stacheln mich an zum Träumen, weil sie Menschen porträtieren, die nicht in der Ohnmacht stecken geblieben sind. Sie geben dem Leid dieser Welt ein konkretes Gesicht, ein Herz, eine Geschichte. Sie möchten uns aufwühlen und aufwecken aus dem Schlaf der Genügsamkeit und des Egoismus. Leidenschaftlich-gelassen will ich berührbar bleiben für die weltweite Not und zugleich meine Kräfte noch mehr sammeln, damit ich nach meinem Vermögen helfen kann – immer darauf vertrauend, dass viele andere es auch tun. So kann aus vielen kleinen Schritten ein Friedensweg werden, auf dem all das Gute, das täglich geschieht, aufgehoben ist. Zu einem spirituellen Weg gehört für mich die prophetische und die visionäre Kraft: Unbequemes wird benannt und gezeigt – Unmögliches wird entworfen und gewürdigt.

»Kraftübungen« für den Alltag

»Einen Menschen retten heißt die ganze Welt retten« steht am Ende des Films »Schindlers Liste« von Steven Spielberg. Jede und jeder von uns kann mitgestalten an einer Welt, die zärtlicher und friedvoller werden kann:

🎥 Ich nehme mir jede Woche eine halbe Stunde Zeit, um an einem Projekt zu arbeiten, das mir am Herzen liegt und sich ganz konkret mit einer Veränderung hin zu einer besseren Welt beschäftigt. Das kann zum Beispiel ein Protestbrief im Namen von *Amnesty International* sein, aber auch, Flyer zu verteilen, die über die Gefahren und das Leid der Tiere in Massentierhaltungen aufklären, oder eine Rundmail an Freunde und Bekannte mit der Bitte, für ein bestimmtes Hilfsprojekt im Erdbebengebiet oder in von Hunger und Krieg gebeutelten Regionen zu spenden.

🎥 Je mehr ich gefordert bin, desto mehr achte ich darauf, selbst Kraft zu tanken, weil ich nur dann wirklich helfen kann, wenn ich selbst auch die Kraft dazu habe und mein Leben in einem gesunden Gleichgewicht ist.

- Wenn ich mich engagiere, dann erinnere ich mich daran, dass dies nicht nur Energie kostet, sondern mir auch Hoffnungskraft schenken kann.

- In seinem Element zu sein heißt, nicht gestresst zu sein. Ich wehre mich, wenn andere mir zu schnell die Etikette »gestresst« anhängen wollen.

- Ich verbinde mich durch mein achtsames Atmen mit der Friedenskraft, die in all den Menschen fließt, die sich auch weltweit engagieren.

4.

Spiel dich
ins Leben hinein

Gemeinsames Lachen ist für mich eine große Kraftquelle. Sich zu krümmen vor Lachen setzt neue Energien frei. Ausgelassene Lebensfreude und ein Kampf für die Menschenrechte sind keine Gegensätze. Ende August 2014 habe ich in der Cinemathèque in Lausanne im ältesten Kino der Stadt, »Le Capitole«, den Stummfilm »The Kid« (1921) von und mit Charlie Chaplin gesehen. Charlie Chaplin hat 1971 in seinem Haus oberhalb des Genfer Sees die Musik dazu komponiert, die ein Orchester dann live im Kino spielte. Was für ein magisches Moment! Über 850 Personen waren im ausverkauften Kino, meist junge Erwachsene. Dieser uralte Film strahlt eine unglaubliche Kraft aus. Witz, Lebensfreude und Mitgefühl tanzen miteinander. Darum geht es bei einem kraftvollen Unterwegssein: immer wieder mit Kreativität aufzuzeigen, dass Menschlichkeit und Solidarität sich verwirklichen können, wenn Menschen miteinander die Ausgelassenheit feiern. Humor ist eine Widerstandskraft gegen lähmende Resignation. Unsere Welt braucht Menschen mit Spirit, mit Witz, mit kreativen Ideen.

Viele meinen, dass Spiritualität immer etwas Ernstes sein sollte, weil es dabei um die großen Fragen des Lebens geht. Das ist mir viel zu einseitig. Darum mag ich Filme, in denen ich herzhaft lachen kann und die mich zu verrückten Ideen locken. Herzhaft lachen kann ich allerdings nur, wenn dies nicht auf Kosten von anderen, vor allem nicht auf Kosten von Schwächeren oder Minderheiten geht. Der Film »Grand Budapest Hotel« (2014) des amerikanischen

Regisseurs und Drehbuchautors Wes Anderson (*1969) ist so ein Glücksfall einer Komödie, die voller Gags, Witz, kreativen Einfällen ist und sogar noch spannende Krimielemente hat! Ende Februar 2015 wurde der Film mit vier Oscars ausgezeichnet.

Der höchst amüsante Film spielt auf vier Zeitebenen, auf denen der Page des Hotels, Mr. Gustave – hervorragend gespielt von Ralph Fiennes –, von vielen seiner Begegnungen in diesem renommierten Hotel erzählt. Über abenteuerliche Umwege wird er zum Erben dieses Hotels.

Der Regisseur Wes Anderson hat eine große Liebe zum Detail, darum entdecke ich beim zweiten Anschauen so viele lustige Verknüpfungen, die mich laut lachen lassen. Eine ganze Menge bekannter Schauspieler und Schauspielerinnen sind mit einer kleinen Rolle dabei, weil sie es nicht verpassen wollten, mit Wes Anderson zusammenzuarbeiten. Dieser skurril-groteske Film, der den Faschismus entlarvt, erinnert mich an das Meisterwerk »Amarcord – Ich erinnere mich« (1973) von Frederico Fellini (1920–1993). Es freut mich, dass Wes Anderson in einem Interview diese Verbindung auch erwähnt und zum Film von Fellini sagt: »Was mich daran so fasziniert, ist, dass einer der Jungen zwar irgendwie die Hauptfigur ist, der Film aber auch allen anderen folgt und jeden Moment in jede mögliche Richtung abbiegen kann. Es gibt im Kern keine Handlung, stattdessen Vignetten, Schlaglichter, Erinnerungen, aber nie hat man das Gefühl, dass der Film sich verliert.«

Diese Aussage ist für mich eine treffende Umschreibung, was Inspiration bedeuten kann: sich von innen her in vielfältige Richtungen gehen zu lassen, ohne sich zu verlieren – unterschiedliche Spuren aufzuzeigen, die doch zu einem gemeinsamen Wegstück führen. Von diesem Aufbruch ins Ungewisse spricht auch Fellini: »Ein Film ist wie eine Reise. Sie kann nach einem Programm geplant werden, aber die Orte selbst entdeckt man erst während der Fahrt. Ich bereite einen Film im Zustand völliger Konfusion vor, stelle Material zusammen, das nicht zusammenpasst, und habe Fieberschauer wie beim Ausbruch einer Krankheit. Zu einem gewissen Zeitpunkt weiß ich, dass ich anfangen muss, auch wenn noch nichts bereit ist.« 1973 erläuterte Fellini zudem zu seinem Film »Amarcord« einige Gedankengänge, die immer noch sehr aktuell sind: »Der Film hat einen direkten Bezug zur Gegenwart, da er nämlich auf die Gefahr aufmerksam zu machen sucht, dass sich auf weniger naive und plumpe, aber viel gefährlichere Weise die gleichen gesellschaftlichen Gegebenheiten wiederholen können. Der Faschismus ist gleichsam ein drohender Schatten, der nicht unbeweglich hinter unserem Rücken verharrt, sondern nicht selten über uns hinauswächst und uns vorangeht. Der Faschismus lauert stets in uns.«

Wie die Geschichte zeigt, können auch Spiritualität und Mystik für totalitäre Gesellschaftsformen missbraucht werden. Kritische Wachsamkeit ist auch heute zentral auf einem inneren Weg. Spiritualität schafft keine Absicherung im Leben, aber sie möchte unser Vertrauen stärken, mit den Unsicherheiten, die zu jedem bewegten Leben gehören, gelassener umgehen zu können. Angst, Rechthaberei, Wahrheitsansprüche sind immer zu hinterfragen, weil sie zu Gewalt führen können. Die temperamentvolle spanische Mystikerin Teresa von Ávila (1515–1582) umschreibt als Gegenpol zu einer totalitären Religion einen inneren Weg mit den paradoxen Worten: »sich auf einen wegelosen Pfad zu begeben«. Wir brauchen Orientierung und Halt, damit wir uns hinauswagen ins Unhaltbare, ins Leere, ins Unbekannte. Zugleich gehören Toleranz und gegenseitiger Respekt zu einem engagierten Glauben. Der Humor und das Spielerische können uns dabei unterstützen, wie dies auch in einem meiner Lieblingsfilme, »Die fabelhafte Welt der Amélie Poulain« (2001) von Jean-Pierre Jeunet (* 1953), zum Ausdruck kommt. Auch dieser Film mit seiner beschwingten Musik von Yann Tiersen lebt von einer wunderbaren Liebe zum Detail. Er bestärkt uns darin, ungeahnte künstlerische Seiten in uns zu entwickeln. Wenn ich einmal pro Jahr nach Paris fahre, dann ziehen mich die Drehorte, z. B . das »Café des Deux Moulins« in der Rue Lepic 15 und das Lebensmittelgeschäft »Collignon« in der Rue des Trois Frères 56 im Montmartre, immer wieder an. Einander spielerisch wie Amélie auf die Spur des Glücks zu bringen, heißt auch eine unserer Lebensaufgaben!

Zärtlich berührt

»Pina, tanzt, tanzt, sonst sind wir verloren« (2011) heißt die Tanzfilm-Dokumentation des deutschen Regisseurs Wim Wenders (* 1945). Es ist der erste Film, den ich in 3D gesehen habe. Was für ein Erlebnis! Ich hatte immer wieder das Gefühl, dass die Tänzer und Tänzerinnen mir auf der Nase herumtanzen. Der Film versprüht eine starke erotische Lebenskraft. *Eros* ist eine göttliche Kraft, sie verbindet Erde und Himmel. Die Tanzszenen lassen mich hautnah erfahren, dass Lustiges und Schmerzvolles, Kraft und Zerbrechlichkeit ganz nahe beieinanderliegen. Quirlig-originelle Bewegungen stecken an zu einer neuen Lebendigkeit: Wer oder was hindert uns eigentlich, lebendig zu werden, uns verrückt zu bewegen, das zu tun, was uns Kraft schenkt? Ein durch und durch spiritueller Film, weil darin das Leben zu sich selbst kommt und über sich hinausweist.

Der Tanz ist interkulturell ein uraltes Symbol, um in einem bewegenden Bild auszudrücken, was unsagbar und nicht sichtbar ist: Wir sind immer schon bewohnt und bewegt von einer göttlichen Kraft. Ab und zu erfahren wir – auch mitten im Alltag – Momente, in denen wir aufgehen in dieser Kraft. Es sind die kostbaren Momente, in denen die Tänzerin, der Tänzer zum Tanz wird, Musik und Bewegung eins werden. Es braucht höchste leibliche Präsenz und größte Selbstvergessenheit. Von diesen »Einheitsmomenten« erzählen Mystikerinnen und Mystiker aller Jahrhunderte.

Ich kann mir diesen Film nicht oft genug ansehen. Er nimmt mich mit auf eine innere Reise, in der mein ganzes Leben in seiner Schönheit und Widersprüchlichkeit aufgehoben ist im großen Lebenstanz. Inhaltlich ist der Film eine Hommage an Pina Bausch (1940–2009), die kurz vor Beginn der Dreharbeiten innerhalb von zwei Wochen an Krebs gestorben ist. Das Filmprojekt schien verloren. Dann entschieden sich der Regisseur und das »Pina Bausch Tanztheater Wuppertal«, den Film als Würdigung ihres genialen Lebenswerkes zu drehen. Das Lebensthema von Pina Bausch lässt sich in einem Gedanken zusammenfassen, den sie selbst einmal formuliert hat: »Mich interessiert nicht, wie Menschen sich bewegen, sondern *was* sie bewegt.« Dieses innere Angerührt-Sein taucht in den bezaubernden Tanzszenen der Künstlerin wunderbar auf.

Zart berührt
verschenken wir uns
lassen uns durch Eros
beflügeln zur Liebe

Ängste werden aufgeweicht
Heilendes ereignet sich
wir gehen hautnah auf
mit Leib und Seele

Kraftvoll bewegt
finden wir uns
verlieren wir uns
bleiben einander

Zwischen den Tanzszenen sehe ich immer wieder eine
Großaufnahme des Gesichtes eines der Mitglieder des
Ensembles: Mit oder ohne Worte verdichten sie, was ihnen
die jahrelange Zusammenarbeit mit Pina mitgegeben hat
in ihr Leben. Diese wenigen Worte, die im Film zu hören
sind, verbinde ich mit zentralen Inhalten meines spirituellen Weges. Ich habe diese kurzen Statements aufgeschrie-
ben, weil es für mich nicht Schöneres gibt im Leben, als
mich mit meinen einmaligen Erfahrungen in anderen wie-
derzufinden, was eine tiefere Verbundenheit aufzeigt. Ich
lasse die kurzen Kernaussagen der Tänzerinnen und Tänzer für sich selbst sprechen:

- »Wer war Pina? Zerbrechlichkeit und ungeheure Kraft. Sie konnte endlos zuhören und zuschauen und dabei all ihre Grenzen übersteigen. Das Bild, das ich von ihr habe: ein Haus mit einem großen Dachboden voller Schätze.«

- »Pina wollte immer das Beste aus all ihren Tänzern herausbringen. Zu mir sagte sie einmal: ›Deine Zerbrechlichkeit ist auch deine Stärke.‹«

- »Was ist Ehrlichkeit? Was ist unsere Verantwortung, auch beim Tanzen? Pina hat uns gelehrt, dazu zu stehen, was wir tun, zu jeder Geste, jedem Schritt und jeder Bewegung.«

- »Sie sagte manchmal Sachen wie: ›Du musst weitersuchen.‹ Aber mehr sagte sie nicht. Das hieß, man musste weitersuchen, ohne zu wissen, wo genau und ob man auf dem richtigen Weg ist.«

- »Als ich ganz neu in Wuppertal war und mit einigen Sachen nicht klarkam, sagte sie einfach: ›Tanz für die Liebe!‹«

- »Die Art, wie Pina arbeitete, erlaubte uns traurig und zornig zu sein, zu lachen oder zu schreien und uns voll zu entfalten.«

- »Pina ist so schnell von uns gegangen, so überraschend. Ich glaube, dass sie am Ende alles hinter sich gelassen hat und frei war. Deswegen wollte ich ihr mit meinem Tanz etwas schenken, diesen Moment von Leichtigkeit, dieses Gefühl, kein Gewicht zu haben.«

■ »Sie fragte uns oft: ›Wonach sehnen wir uns, woher kommt unsere Sehnsucht?‹«

Besser kann ich nicht umschreiben, was es bedeuten kann, in seine Kraft hineinzugehen und spielerisch sein Leben zu wagen.

Vertrautes loslassen

Ich schaue gerne Kindern bei ihrem frei-spontanen Spiel zu. Sie lassen sich durch nichts beirren und gehen voll auf in ihrem Spiel. Sie spielen das ganze Leben, Leichtes und Schweres, Lustiges und Trauriges geben sich die Hand, nichts wird ausgeklammert. Es erinnert mich an das Versprechen jenes Liebhabers des Lebens aus Nazaret, der jedem Menschen ein »Leben in Fülle« verheißt. Damit sind alle Facetten unseres Daseins gemeint: leben und sterben, finden und verlieren, ankommen und aufbrechen, lachen und weinen … Seinem Leben mehr Handlungsspiel zu eröffnen, hat mit Vielfalt, Weite und Tiefe zu tun. Spielerisch unterwegs zu sein heißt für mich, eine trennende (= dualistische) Lebenseinstellung zu überwinden. Eine solche trennende Lebenseinstellung suggeriert uns, dass wir immer schon weiter sein sollten: Was jetzt ist, genügt nicht. So bleiben wir Getriebene, die sich aufgrund einer inneren Unruhe durch das Leben peitschen. Das Bild des »inneren Kindes« hilft uns, einen Zugang zu unseren spielerischen und verletzlichen Seiten zu finden. Es kann uns herausholen aus dem Funktionieren und uns aufzeigen, dass das Wesentliche schon da ist. Es möchte uns mitten im Arbeitsprozess zu einem entspannten Mitsein locken, in dem wir uns befreien von einem unmenschlichen Diktat der ständigen Hetze. Der Schweizer Film »Vitus« (2006) von Fredi M. Murer (*1940) bringt diese differenzierte Lebensfülle leichtfüßig-tiefsinnig zum Ausdruck. Herzhaft kann ich lachen in diesem Film, der mich zugleich beschwingt zu einem zentralen Lebensthema führt: »Lass dich nicht blenden vom Erfolg«. Die Geschichte ist die: Vitus ist ein Wunderkind, hochbegabt und begnadeter Klavierspieler. Zeit zum Verspieltsein verbleibt allerdings nicht! Einzig die Besuche bei seinem Großvater – sympathisch gespielt von Bruno Ganz – holen ihn heraus aus seiner Leistungswelt. An einem Regentag gehen die beiden einen Bach entlang und es entspinnt sich folgender Dialog:

Vitus: Am liebsten will ich wer anders werden.

Opa: Wie wer zum Beispiel?

Vitus: Ich weiß nicht, egal, einfach normal.

Opa: Etwa so normal wie ich?

Vitus: Noch normaler!

Opa: Dann werd doch normal.

Vitus: Wie?

Plötzlich wirft der Opa seinen Hut, den er sehr liebt, über den Bach und sagt: »Wenn du dich nicht entscheiden kannst, dann musst du dich von Dingen trennen, die dir lieb sind, und du musst sie über den Bach werfen …«

Fredi M. Murer sagte in einem Interview, dass diese Szene einen autobiografischen Hintergrund habe: »Mein Vater hat in Situationen, in denen es Mut brauchte, in denen er etwas wagen wollte und Angst davor hatte, gesagt: ›Wirf den Hut über den Bach!‹ Da er immer einen Hut trug, drückte er damit ein uraltes Symbol des Loslassens aus, um Neuland betreten zu können.« Murer sieht seinen Film als »Geschichte der Menschwerdung«, bei der Vitus trickreich seine genialen Seiten versteckt, damit er von innen her neu Ja sagen kann zu seiner Begabung. Ein starker Film, der dazu ermutigt, in jedem Lebensalter seinen Handlungsspielraum zu erweitern.

Kinofilme können schon Kinder und Jugendliche unterstützen, ihren eigenen Talenten mehr zu trauen und sie zu verwirklichen. Im Kino entdecken sie lustige und traurige Geschichten, die sie bekräftigen können, ihre ureigene Lebensgeschichte zu entfalten. Der Schaffhauser Journalist und Buchautor Thomas Binotto (* 1966), Vater von vier Kindern im »kinofähigen« Alter, hat zwei hervorragende Bücher geschrieben: »Mach's noch einmal, Charlie. 100 Filme für Kinofans (und alle, die es werden wollen)« (2007) und »Getrickst & abgedreht. Filmgeschichten für Kinofans« (2010). Darin präsentiert er mit erfrischendem Sprachwitz viele Filme aus verschiedenen Gattungen und entwickelt kompetent eine Filmgeschichte, in der Details zu den Entstehungsgeschichten der Filme vorgestellt werden. Jung und Alt werden mit diesen Büchern zur eigenen Kreativität angesteckt. Thomas Binotto gestaltet auch »Filmlesungen«, bei denen er bei Kindern und Jugendlichen die Leidenschaft fürs Kino wecken will (siehe www.filmleser.ch oder www.binotto.ch/thomas/).

Und dazu noch ein Beispiel aus der Literatur: In dem Roman »Unser allerbestes Jahr« von David Gilmour hat der besorgte Vater, dessen Sohn nicht mehr zur Schule gehen will, die geniale Idee, dass der Sohn als Schulersatz mit ihm drei Filme pro Woche anschauen muss, von Truffaut bis Hitchcock. Ein bezauberndes Buch, das originell aufzeigt, wie das Anschauen und Besprechen von Filmen zu einer Beziehungskraft und einer Schule des Lebens werden kann.

Pralles Leben genießen
aufgehoben im kreativen Lebensfluss
unerwartete Begegnungen
in größter Präsenz erfahren

Lachendes Miteinander
endlich ganz sein können
ohne Wenn und Aber
einfach gegenwärtig sein

Die Freundlichkeit des Lebens
auskosten in vollen Zügen
beflügelt und beherzt
zur Einfachheit der Fülle

Staunende Dankbarkeit
befreiendes Aufgehobensein
zeitloses Miteinander
kostbares Glück

»Kraftübungen« für den Alltag

■ Bewegte Meditation: Ich begrüße den Tag mit
einer Gebärde, die ich fünfmal wiederhole:
Ich verneige mich zuerst tief, dann richte ich
mich von innen her auf und breite beide Arme
aus. Ich hebe sie hoch, über den Kopf hinaus,
und führe sie zusammen, damit die Innen-
seiten meiner Hände sich berühren können.
Dann senke ich die zusammengeführten
Hände langsam vor dem Gesicht, der Brust bis
zum Bauch.

■ Tanzen als Meditation: Ich erlaube mir freies
Tanzen, besuche einen Tanzkurs, bewege mich
beim Spazieren, Wandern tänzerisch …

■ Ich hole mir bei einem Coach, einer Super-
vision Unterstützung, damit ich nicht in
Fixierungen und Blockierungen stecken
bleibe. Meine blinden Flecken kann ich nicht
alleine entdecken. Durch das gemeinsame
Gespräch kann sich mein Handlungsspielraum
erweitern.

Ich entdecke meinen gesunden Rhythmus und pflege ihn, auch dadurch, dass ich mir Verbündete suche, damit wir uns gegenseitig helfen können, ein gutes Maß zu finden in Arbeit und Freizeit. Mit kreativen Impulsen können wir einander daran erinnern, immer mehr zu sein als Leistung und Erfolg.

Ich genieße dankbar meine erotische Lebenskraft und entdecke mein inneres Feuer: Wann, wie bin ich voll in meinem Element? Wann fließen meine Energien? Was nährt meine Hoffnung?

Ich führe das Kämpferische und das Spielerische in meinem Leben zusammen: Wer, was kann mich dabei unterstützen?

Ich trete in Kontakt mit meinem inneren Kind und schreibe ihm einen Brief. Ich bitte es, mich zum Spielen und zur Leichtigkeit zu locken.

Ich entdecke Kinder als spirituelle Begleiter, die mich das Staunen, das Verspielte, das Verrückte lehren können.

5.

Wachse am Widerstand

Viele Jahre hat mich eine Verhaltensweise geprägt, die ich aber kaum bewusst wahrnahm: Wenn ich enttäuscht oder gekränkt war, habe ich mich innerlich zurückgezogen und bin »schwer« geworden. Eine lähmende Kraftlosigkeit breitete sich aus, weil ich Angst vor Konflikten hatte. Irgendwann entdeckte ich die Verbindung von Depression und Aggression. Depression ist eine Krankheit, die sehr komplex sein kann und mit der es zu leben gilt. Zugleich können wir entdecken, dass depressive Verstimmungen durch lebensfeindliche Verbote genährt werden – Verbote, die uns nicht erlauben, uns zu ärgern, und uns verbieten, uns zu wehren. Verbote, die verhindern, dass wir uns schützen. Lebensbehindernde Verbote, die Wut, Ärger, Aggression, Zorn nur als negative Gefühle abwerten. Alle diese Gefühle können eskalieren, nur verletzend sein und die Spirale der Gewalt ankurbeln. Darum braucht es einen spirituellen Umgang mit diesen Kräften, der von der Spannung zwischen Annahme und Eingrenzung lebt. Diese Gefühle dürfen sein, und zugleich gilt es, sich zu erinnern, dass dies immer nur ein Teil von uns ist, der auch Grenzen braucht. Es ist wichtig, unterscheiden zu können, dass man nicht auf eine Person wütend ist, sondern auf ihr Handeln, weil jede Person immer noch mehr ist als ihr Tun.

Der Ursprung des Wortes »Aggression« liegt im lateinischen Wort *ad-gredi*, was bedeutet, sich in die Auseinandersetzung hinzubegeben. Wer kraftvoll leben möchte, dem ist aufgetragen, die Aggression als zentrale Lebenskraft zu entdecken, die natürlich wie alle unsere Kräfte eines verantwortungsvollen Umgangs bedarf. Entscheidend ist der lebensbejahende Zugang zu diesen Urkräften. »Wut tut gut!« ist mehr als ein Schlagwort. Es drückt aus, dass zu einem gesunden Lebensstil die Erlaubnis gehört, aggressiv, verärgert und wütend sein zu dürfen.

Ich habe lange an einem spirituellen Umgang mit diesen beziehungsfördernden Gefühlen gearbeitet. All jene weisen spirituellen Frauen und Männer, die eine inspirierende Konfliktfähigkeit leben, sind mir Wegbegleiter geworden. Zugleich haben mich auch viele Filmszenen darin bestärkt, mutig zu meiner Meinung zu stehen und zu lernen, dass Ehrlichkeit immer auch zu Widerstand und zu Kritik führen kann. Wir verlieren sehr viel an Lebensqualität, wenn wir unseren spirituellen Weg nur auf einen »Wohlfühlzustand« reduzieren. Natürlich darf es uns gut gehen und ist es uns aufgetragen, das Schöne und Lustvolle zu genießen und auszukosten. Aus unserer inneren Kraft heraus zu leben zeigt uns auf, wofür es sich zu leben lohnt. Persönliches Glück wächst, wenn wir mitgestalten an einer Welt, in der die eigenen Rechte und die Menschenrechte eine Chance haben.

Kraftvolle Frauen im Widerstand

Ich verpasse keinen Film der deutschen Regisseurin Margarethe von Trotta (* 1942). In ihren engagierten Werken begegne ich kraftvollen Frauen, die den Mut haben, ihren ureigenen Weg für eine bessere Welt zu gehen. Spannende Frauenporträts wie »Die bleierne Zeit« (1981) – ein Film über die beiden Ensslin-Geschwister, für den von Trotta 1981 als erste Filmemacherin den Goldenen Löwen bei den Filmfestspielen in Venedig erhielt –, »Rosa Luxemburg« (1986), »Vision – aus dem Leben von Hildegard von Bingen« (2009) und »Hannah Arendt« (2012). »Denken ohne Geländer – das ist für mich Hannah Arendts Vermächtnis«, schreibt Margarethe von Trotta zu ihrem international erfolgreichsten deutschen Film der letzten Jahre. Es brauchte zehn Jahre Geduld und Beharrlichkeit, um diesen Film zu realisieren. Eindrücklich beschreibt sie in ihrem Tagebuch, wie sie zusammen mit der Drehbuchautorin Pam Katz und vielen Verbündeten dranbleibt, weil auch ihr Leben verdeutlicht, dass wir am Widerstand wachsen und reifen können. Diese Grundhaltung zieht sich wie ein roter Faden durch ihre Filme.

Und das ist die Geschichte: Die deutsche jüdische Philosophin Hannah Arendt (1906–1975) reist 1961 als Journalistin des »New Yorker« nach Jerusalem, um über den Prozess des Kriegsverbrechers Arnold Eichmann zu berichten. Während ich den Film schaue, bin ich ganz nah dran, was dann ihr Artikel »Eichmann in Jerusalem. Ein

Bericht von der Banalität des Bösen« weltweit ausgelöst hat. Die vielen Facetten dieser begabten Philosophin, die auch ermutigt, »geburtlich zu leben«, das heißt, immer wieder neu anzufangen, kommen in diesem Film intensiv zum Ausdruck. Ich mag die Profilaufnahmen des Gesichtes von Hannah Arendt, in denen das Kraftvolle und Verletzliche noch stärker hervortritt.

Die begabte Philosophin war eine streitbare Person. Sie ermutigt mich, mich auch in Situationen, in denen eine sogenannte Mehrheit gegen mich ist, noch intensiver einzubringen. Beseelt von einer großen inneren Kraft, sagt sie zu ihrer Verteidigung: »Ich habe keine Verteidigung von Eichmann geschrieben, sondern eine Übereinstimmung gesucht zwischen der schockierenden Mittelmäßigkeit des Mannes mit seinen erschütternden Taten. Es zu verstehen ist nicht dasselbe wie vergeben. Es ist meine Verantwortung zu verstehen.«

Wenn ich auf Widerstand treffe und ich ungerechten Angriffen ausgesetzt bin, dann hilft mir der Impuls aus diesem Film: auf keinen Fall an der Oberflächlichkeit stecken zu bleiben, sondern zu versuchen, zu verstehen. Nachforschen, warum ich der angreifenden Person so viel Macht gebe und ich in Gefahr bin, auf sie fixiert zu bleiben; schmerzvoll annehmen, dass ich sogar von guten Freunden und Teilen der Familie jene tief ersehnte Anerkennung nicht erhalten kann. Zum Glück kann uns niemand den Urwunsch nehmen, geliebt und angenommen zu sein. Im Gegenteil: Er kann uns helfen, Distanz zu schaffen und auf eine andere Ebene zu gehen, um festgefahrene Vorstellungen loszulassen und Gefühle zu zeigen. Hannah Arendt tut das in diesem Film auch: Als ihre Mitarbeiterin Lotte ihr die vielen, meist ablehnenden Briefe, die zum Teil auch Morddrohungen enthalten, vorstellt, geht sie in die Kraft der Erinnerung. Sie sagt zu Lotte: »Als ich Kind war, war mein Vater immer krank. Er ist gestorben, als ich sieben Jahre alt war, nach langem Kampf. Ich kannte ihn eigentlich nur krank. Und im Traum erscheint er mir und ist gesund, sieht gut aus. Und er schaut mich an und sagt: ›Ich liebe dich.‹« Ihr Blick ist so klar, so beherzt, so berührend und dann voller Tränen ... Ihre Ermutigung, weiter zu denken, alles durchzudenken, braucht die Verbindung mit unserer Lebensaufgabe, liebend unterwegs zu bleiben. Spiritualität lebt von einem klaren Denken und vom Eintauchen in die Liebe, die größer ist als all die Grausamkeiten, die Menschen einander zufügen können. So kann erfahrenes Unrecht zu einer Kraftquelle werden, um sich für Frieden in Gerechtigkeit einzusetzen – und sich diesem Kampf auszusetzen.

»Wie Hannah Arendt im Film lebendig wird? Auch aus den Zwischenräumen zwischen allem Gedachten und Gewussten und Geschauten – ich weiß es selbst nicht«, meint Barbara Sukowa (*1950), die die Hauptfigur in diesem Film verkörpert. Was sie ausdrückt, finde ich auch bei vielen anderen Filmschaffenden. Sie zeigen die bleibende Spannung auf zwischen einem engagierten Durchdenken, dem kritischen Bearbeiten einer Thematik und dem Eröffnen eines Freiraumes. Ein Freiraum, der notwendig ist, damit Unerwartetes aufbrechen kann. Engagierte Gelassenheit im Widerstand nenne ich diese Balance, die es ein Leben lang gemeinsam zu erringen und zu erhoffen gilt.

Herzlich sein
auch mit mir
aufgerichtet
zu meiner Dunkelheit
zu meiner Ausstrahlung

Gegensätze verbinden
friedensstiftend sein
im Hochhalten
der einmaligen Würde
eines jeden Menschen

In guter Spannung
entspannt sein
erdverbunden
himmelwärts
mitten drin

Sich der Verantwortung nicht entziehen

In einer spirituellen Weggemeinschaft sind wir dazu herausgefordert, Unrecht schonungslos zu benennen und darin zugleich eine Wachstumschance zu entdecken. Was für eine anspruchsvolle Gratwanderung! Dem Wesentlichen auf den Grund zu gehen ist etwas Geheimnisvolles und zugleich sehr Konkretes. Wenn ich in meinem Leben eine Grundoption des Vertrauens wähle, führt das immer auch in die Nähe der Ausgebeuteten und Entrechteten. Glücklich werden, bei sich selbst ankommen, aus der inneren Quelle schöpfen, sich einer inneren Begleitung anvertrauen führt mich mitten hinein in die Brennpunkte des Lebens.

Die spanische Regisseurin Iciar Bollain (*1967) erzählt in ihrem Film »Und dann der Regen« (2010) von einer spanischen Filmequipe, die nach Bolivien fährt, um einen Streifen über die Ankunft von Christoph Kolumbus und die folgenden Schrecken der Kolonialisierung zu drehen. Dabei begegnen sie einer Protestbewegung: Viele der dort lebenden Menschen wagen den Widerstand gegen ausländische Investoren, die Brunnen bohren und Wasserwerke bauen wollen, um so die Bevölkerung zu zwingen, ihr Trinkwasser in Flaschen kaufen zu müssen, statt kostenlosen Zugang dazu zu haben. Dem Film gelingt es auf eine höchst spannende Art und Weise, uns mit der ethischen Frage nach der Wasserverteilung bzw. des Rechtes auf kostenlosen Zugang zu Trinkwasser zu konfrontieren. Als

Konsumenten können wir viel mehr tun, als wir meinen, um den Konzernen regelmäßig die rote Karte zu zeigen. Gekonnt holt die Regisseurin durch die verschiedenen Zeitebenen und Erzählspuren die Zuschauenden mitten hinein in die Komplexität des Geschehens, denen sich der Regisseur und der Produzent im Film auch nicht entziehen können: Ihr Budget sieht nur billige Arbeitskräfte vor.

Dank dieses Films wird zudem der spanische Dominikanermönch Bartolomé de las Casas (1484–1566) einem breiteren Publikum bekannt. Als einer der ersten Befreiungstheologen weigerte er sich, mit den spanischen Großgrundbesitzern die Messe zu feiern, weil dies für ihn ein Verrat an der Botschaft Jesu und an den Indios bedeutet hätte. Eine höchst aktuelle Frage! Das Ineinanderfließen der Zeitebenen (Drehen eines Films über die Ungerechtigkeit – Konfrontation mit eigenen Unrechtsstrukturen – Kolonialisierung/Globalisierung heute) verdeutlicht intensiv, dass man nie Einzelperson ist, sondern immer Teil eines Ganzen. Es gehört zur Filmkunst, Gegenwart, Vergangenheit und Zukunft zu vermischen, Traum und Wirklichkeit, Fiktion und Realität. Dabei sind die Grenzen oft fließend. Genau darum geht es auch bei einem spirituellen Erwachen: die tiefere Verbundenheit mit allen zu spüren.

Unglaublich intensiv drücken Indio-Laienschauspielerinnen diese Spannung auch im Film aus: Als sie bei den Aufnahmen eine historische Szene nachspielen, in der sie von spanischen Soldaten mit Kampfhunden verfolgt werden, sollen sie laut Drehbuch ihre Kinder ertränken, damit sie nicht von den Hunden verstümmelt werden und dann ein unerträgliches, schmerzvolles Leben fristen müssen. Der Regisseur gibt ihnen die Anweisung, mit ihren Kindern ins Wasser zu gehen. Als es um das Ertränken geht, soll ein Schnitt folgen und das Übrige mit Puppen nachgestellt werden, die dann untergetaucht werden. Doch die Frauen weigern sich, weil sie sich diese Grausamkeit nicht einmal vorstellen wollen. Der Regisseur – kraftvoll gespielt von Gael Garcia Bernal – ist außer sich, weil es diese Situation damals wirklich gegeben hat und sie jetzt doch nur nachgespielt werden soll. Doch die Frauen bleiben ihrer Intuition treu und verweigern ihm diese Szene. So muss der Regisseur lernen, dass nicht alles gefilmt werden kann, was tatsächlich geschehen ist. Im Interview zum Film sagt die Regisseurin, dass auch sie beim Drehen eines Films immer mit unerwarteten Herausforderungen rechnet: »Wie kann ich einen Film drehen! Einstellung für Einstellung … In einem Film können innerhalb einer Szene viele Dinge passieren. Das ist eine tägliche Herausforderung. Und wenn ich nicht mehr weiter weiß, dann muss ich mich auf meine Intuition verlassen und nach vorne schauen. So erkennt man die Wahrheit.«

Dieses Ineinanderfließen von Fiktion und Realität taucht auch in dem eindrücklichen Film »Birdwatchers – Das Land der roten Menschen« (2008) des italienisch-chilenischen Regisseurs Marco Bechis (* 1955) auf. In grandiosen Bildern erlebe ich die Atmosphäre im brasilianischen Regenwald und begegne der Widerstandskraft einer Gruppe von Guarani-Kaiowa-Indigenen, die ein Stück Ackerland besetzen, das einst ihnen gehörte, als der Urwald noch Urwald war. Die Ureinwohner lassen sich vermarkten, um überleben zu können, und kämpfen gleichzeitig um ihre Würde. Sie finden Kraft in ihrer Erdverbundenheit. Das wird besonders deutlich in folgender Szene: Der heutige Großgrundbesitzer nimmt in der Konfrontation mit den Indigenen eine Handvoll Erde auf, um zu erklären, dass dieses Land schon lange seiner Familie gehört. Nadio, einer der Ureinwohner, kontert, indem auch er eine Handvoll Erde aufnimmt und sie isst. So drückt er aus, dass er Teil derselben ist und sie nicht bloß besitzt. Eine bewegende Szene, die beide Standpunkte drastisch aufzeigt. Auch dieser Film eignet sich gut für alle jene, die sich motivieren möchten, sich mit anderen für Gerechtigkeit einzusetzen. Dies wird möglich, wenn wir uns nicht nur informieren, sondern hinter die Bilder schauen und zwischen den Zeilen lesen. Eine solche Grundhaltung entdecke ich auch beim Regisseur Marco Bechis, wenn er sagt: »Das Kino muss dahin kommen, wohin das Bild nicht gelangt. Denn das, was uns ein Film vermittelt, sind Bilder und Töne; über die Bilder und Töne, die wir auf der Leinwand wahrnehmen, können wir Dinge verstehen, die dahinter stehen, und das ist es, was nur im Gedächtnis bleibt. Dessen muss sich der Regisseur bewusst sein. Er muss wissen, dass er nicht an der Oberfläche der Dinge arbeitet, sondern an dem, was dahinter

120

steht.« Solche Worte führen mich zu einer spirituellen Lebenseinstellung, indem ich das suche im Leben, was mir Tiefe schenkt.

Schwere Entscheidungen

Um herzzerreißende Entscheidungen geht es oft, wenn Menschen sich nicht mit Ungerechtigkeiten abfinden. Eine davon ist die Antwort auf die Frage: »Gehen oder bleiben?«. Sie spiegelt sich sehr deutlich in dem französischen Film »Von Menschen und Göttern – Des hommes et des dieux« (2010) von Xavier Beauvois (*1967). Er beruht auf der wahren Geschichte der Trappistenmönche im algerischen Tibhirine, die durch islamische Rebellen umgebracht wurden: Neun Mönche leben in einem Kloster in den algerischen Bergen. Einer von ihnen ist Arzt und lebt wie die anderen Mönche ein unscheinbar-kraftvolles Mitsein mit der islamischen Dorfbevölkerung. Durch den zunehmenden Konflikt zwischen den Regierungstruppen und den Rebellen legt sogar der Bürgermeister des Dorfes den Mönchen nahe, den Ort zu verlassen, weil er ihre Sicherheit nicht mehr gewährleisten kann. Intensive Gespräche rund um diesen Gewissensentscheid beginnen in der Klostergemeinschaft und bei jedem Einzelnen der Mönche. Dem Regisseur und den hervorragenden Schauspielern gelingt es, mich sehr schnell mit hineinzunehmen in diese schwierige Klärungssituation, wodurch ich an die

Entscheidungssituationen in meinem Leben erinnert werde. So wird ein Film zum Kunstwerk, wenn er eine reale Begebenheit hautnah nachspielt und zugleich die Brücke zum Lebensweg der Zuschauenden schlägt. Die Mönche entscheiden sich zu bleiben, und am Ende werden sechs von ihnen umgebracht. Dem Regisseur Xavier Beauvois, selbst ein überzeugter Atheist, geht es vor allem um die humanen Taten der Mönche und um ihre schwere Entscheidung. Mit großem Respekt zeichnet er ihr Leben nach, auch ihre wunderbaren Choralgesänge. Glaubwürdig wird erfahrbar, wie die alltägliche Einbindung in die Gegenwart Gottes eine Kraft freilegt, die trotz Zweifeln und Ängsten befähigt, über sich selbst hinauszuwachsen.

Einmal mehr erfahre ich, dass durch kritische Distanz eine Nähe zum Wesentlichen viel intensiver ausgedrückt werden kann, als wenn jemand einen besonders frommen Film drehen möchte. Dies zeigt sich auch beim italienischen Regisseur Pier Paolo Pasolini (1922–1975). Mit Ironie sagte er rund um Dreharbeiten zu seinem Film »Das erste Evangelium nach Matthäus« (1964): »Ich glaube nicht an Gott. Wenn aber in meinen Werken ein ›Hauch‹ christlicher Liebe für die Dinge der Welt und ihre Menschen überdauert – ich will damit sagen, eine irrationale, auf Eingebung beruhende Liebe –, dann glaube ich, brauche ich mich dessen nicht zu schämen.« Keine Frage, sein Jesusfilm berührt mich am meisten und fordert mich zu einem einfachen Lebensstil heraus.

Zurück zu »Von Menschen und Göttern«: Drei der Mönche überleben das Massaker. Einer davon, Frère Jean-Pierre, der jetzt mit drei Mitbrüdern in einem neuen marokkanischen Priorat den Dialog mit den Muslimen fortführt, beschreibt in einem Buch, wie schwer es ist, Überlebender zu sein. Wie es ihm gelingt? Dank der Kraft der Erinnerung. Daher beschreibt er all das, was er mit den ermordeten Mönchen erlebt hat und was ihm niemand wegnehmen kann. Zum Film selbst schreibt Frère Jean-Pierre: »Ich empfinde eine tiefe Freude durch diese Bilder. Unser Prior hat ihn schon zehnmal angeschaut. Es ist klar, dass der Heilige Geist darin wirksam ist. Einige Schauspieler, die nicht gläubig sind, sind überzeugender als manche Mönche. Die Art und Weise, wie sie in der Kapelle singen, ist schöner als unser Gesang. Dieser Film lässt sich wie eine Ikone anschauen, in der sich immer neue Aspekte zeigen.«

Einmalige Würde

Widerstand zu wagen gehört zu einem spirituellen Weg – Widerstand gegen Bestehendes oder herrschende Macht für die einmalige Würde des Menschen, für das Beseeltsein der ganzen Schöpfung, für die Gabe der Freundschaft, für eine tiefere Verbundenheit über den Tod hinaus. Die türkische Regisseurin Yesim Ustaoglu (*1960) entwirft in ihrem Film »Reise zur Sonne« (1999) ein wunderbares Plädoyer für die Widerstandskraft, die stärker ist als der

123

Tod. Sie erzählt die Geschichte von Mehmet, der mit dem Sarg seines Freundes Berzan von Istanbul in die kurdischen Gebiete reist, damit dieser in seiner Heimat beerdigt werden kann. Mit wenigen Worten und einer packenden Bildsprache verbindet sich in diesem Film das Persönliche mit dem Politischen. Voller Mut filmt die Regisseurin Situationen aus dem Alltag der türkischen Gesellschaft mit all ihren Konflikten. Sie zeigt auf, dass auch in einem Klima der kollektiven Angst Aufbruch möglich ist. Auf dieser Reise der Hoffnung wird die einmalige Würde der Menschen spürbar, die es hochzuhalten gilt.

Wenn ich mich auch Tage danach noch frage, ob ich für einen Freund einen solch mutigen Aufbruch wagen würde, dann weiß ich, dass meine Seele berührt worden ist und sie mich ermutigt, an meinem Ort auf meine Art und Weise das Notwendige zu tun. Es geht nie darum, irgendeine Tat anderer zu kopieren, sondern es geht um eine Inspiration, die dem eigenen Handeln gerecht wird. Unsere Aufgabe besteht ein Leben lang darin, das Ureigene zu finden und zu leben. Darin liegt eine unverwechselbare Kraft, die uns selbst und den anderen zugute kommt. Immer wieder den Zugang zu dieser Kraft zu finden, ist ein Lebensthema.

Ich entdecke es auch in dem Film »Beijing Bicycle« (2002) des chinesischen Regisseurs Wang Xiaoshuai (* 1966). Er ist inspiriert vom wunderbaren italienischen Filmklassiker »Die Fahrraddiebe« (1948) von Vittorio de Sica (1901–1974), der vom Tagelöhner Antonio erzählt, dessen Fahrrad gestohlen wird und der daher aus der

Not selbst zum Fahrraddieb wird. Auch der chinesische Film ist eine Parabel zum großen Themenkreis »Gerechtigkeit/Ungerechtigkeit«.

Dank der unzähligen Fahrradfahrten im Film lerne ich die Vielfalt von Peking kennen und auch die große Kluft zwischen Stadt und Land. Zugleich begegne ich den beiden Jugendlichen Guej und Jian, die rund um den Kampf für »ihr« Statussymbol Fahrrad um etwas sehr Existenzielles kämpfen: den eigenen Platz im Leben zu finden. Beide ringen um faire Kompromisse, leider verlieren sie sich dann doch in der Gewalt.

Obwohl mein Gerechtigkeitssinn sehr ausgeprägt ist, versuche ich mein Ideal eines gewaltfreien Widerstandes zu pflegen und zu festigen. Alle in diesem Kapitel erwähnten Filme konfrontieren mich jedoch mit einer Seite in mir, die nicht so einfach ist: Ich ertappe mich dabei, heimlich doch dankbar zu sein, dass Gerechtigkeit sich im schlimmsten Fall auch mit Gewalt durchsetzt. Dadurch wird meine Spiritualität geerdet, was ganz wichtig ist. Ideale haben wir schnell auf der Zunge und vor Augen. Damit sie in uns einverleibt und auch »einverseelt« werden, braucht es eine konstante Auseinandersetzung mit Ideal und Realität. Filmszenen können so zur Lebenshilfe werden. Unser Mitfiebern im Kino kann für uns ein Spiegel sein, der uns die Vielfalt und auch Ambivalenz unserer Gefühle aufzeigen kann. Auch darum gehe ich gerne ins Kino.

Seiner Seele trauen
sich hineinbegeben
in unbekanntes Neuland
das schon lange da ist

Seiner Seele folgen
sich öffnen lassen
für das Wesentliche
das uns erwartet

Seiner Seele danken
sich berühren lassen
vom Geheimnis des Lebens
das unfassbar-nah ist

Seine Seele lieben
als kostbares Geschenk
das Leib und Geist verbindet
im göttlichen Lebensatem

Sprachlosen eine Stimme geben

»Wach auf meine Seele«, heißt es in einem Psalm. Wörtlich müsste es eigentlich mit den Worten »Wach auf meine Kehle« übersetzt werden. Das gefällt mir: meine Stimme als Seismograf meiner Seele. Das afrikanische Kino hat einen schweren Stand in Europa. Besonders originell gestaltet der mauretanische Regisseur Abderrahmane Sissako (* 1961) in seinem Film »Bamako« (2006) die Thematik, entrechteten Menschen eine Stimme zu geben: In der farbenfrohen Hauptstadt von Mali, Bamako, inszeniert Sissako im Hof seiner Eltern einen Gerichtshof. Viele Frauen und Männer aus Mali klagen die Weltbank und den IWF an, weil vier Jahrzehnte nach der Entkolonialisierung der Schuldenberg ins Unendliche gewachsen ist. In diesem spannenden Spielfilm begegne ich Menschen, die voll in ihrer Kraft sind. Sie steigen aus ihrer Opferrolle aus und gehen konstruktiv mit ihrer Wut um, indem sie zur Sprache bringen, wie die Verarmung in Afrika zunimmt. Genial ist die Idee dieser spannenden Gerichtsverhandlung, weil darin Betroffene komplexe ökonomische Zusammenhänge in einer einfachen Sprache darlegen. Während der ganzen Verhandlung schwenkt die Kamera immer wieder um, um mit einem liebevoll-achtsamen Blick all die Menschen zu porträtieren, die rund um diesen Hof ihren Alltag bewältigen. Arbeiterinnen färben ihre Stoffe, Kranke ringen mit dem Tod, eine Hochzeitsgesellschaft kommt vorbei, einige lachen, einige weinen. Für all diese Menschen stehen die

127

Ankläger und Anklägerinnen mit ihrer kraftvollen Stimme ein. Sie stehen gerade für die einmalige Würde der Bewohner dieses kleinen Landes. Abderrahmane Sissako sagt dazu in einem Interview: »Der Gerichtsprozess findet im Hof verschiedener Häuser statt. Da, wo ich aufgewachsen bin. All das erlaubt mir, eine Gesellschaft in Miniaturform zu zeigen. Jeder und jede geht ihrer Arbeit nach, und alle respektieren einander ... Meine Hoffnung besteht darin, dass dieser Film die spannendsten Debatten auslösen kann, dass er zeigen kann, was in Afrika möglich ist. Denn seine Worte gehören Afrika. Das war das Grundprinzip dieses Films: einen Appell richten an Menschen, die ein Herz sind und die die Fähigkeit haben, ein Urteil zu fällen.«

Dieses Plädoyer kommt auch im neuesten Film von Sissako, »Timbuktu« (2014), intensiv zum Ausdruck. Er hat im Oktober 2014 den Friedensfilmpreis der Stadt Osnabrück und bei der Verleihung der französischen Césars 2015 außer in den beiden Hauptkategorien als »Bester Film« und »Beste Regie« noch fünf andere Preise erhalten. Der Film thematisiert den Einmarsch der Islamisten im Jahre 2012 in Timbuktu/Mali, der von zerstörerischer Wut gekennzeichnet war. In einer meisterhaften Bildsprache zeigt Sissako, wie auch schwere historische Traumatisierungen in einem Spielfilm verarbeitet werden können. Poetische Bilder setzt er der Gewalt entgegen, ganz im Sinne von Dostojewskij, der einmal sagte: »Die Schönheit wird die Welt retten.« Keine Flucht in die Schönheit, sondern ein Auftanken im Schönen als Widerstandskraft.

Besonders beeindruckt hat mich die Szene in »Timbuktu«, in der allen, auch den Kindern und Jugendlichen, verboten wird, Musik zu hören und Fußball zu spielen. Die jungen Menschen lassen sich zum Glück nicht beirren, sie spielen weiterhin Fußball – ohne Ball. Was für eine kraftvolle Filmszene, die mir unvergesslich bleibt und die ich in meinen Alltag hineinwebe. Die Jugendlichen verharren nicht in der Jammerhaltung, sondern tun etwas Subversives: Sie spielen sich durch Augenkontakte einen fiktiven Ball zu – kreative Widerstandskraft pur! Diese Haltung kommt mir in den beiden Filmen von Sissako entgegen. Sie fordern mich auch heraus, einen spirituellen Umgang mit meiner Wut und meinen Aggressionen zu entwickeln. Meine Aggressionen lassen mich hautnah spüren, dass ich mich nicht mit Ungerechtigkeiten abfinden will. Zugleich möchte ich nicht in die Eskalation der Gewalt hineingehen, sondern die Urkraft entdecken und konstruktiv umwandeln, die in oder hinter der Wut und in den Aggressionen steckt. Sie kann freigesetzt werden für ein kämpferisches Dasein. Im Schreien für Gerechtigkeit kann meine Ohnmacht durchbrochen werden, und die blockierten Energiekanäle öffnen sich für jene Lebenskräfte, die Menschen zu sich selbst und zu einem solidarischen Gang befreien.

Meine Kehle erwacht
zum Schrei nach Leben
der Resonanz finden wird

Innere Kritiker hämmern auf mich ein
verbiegen zum gnadenlosen Diktat
perfekt sein zu müssen

Meine Seele erwacht
zum authentischen Dasein
das auch andere befreit

Mund-lebendig bleibe ich
offen für die Ermutigungen
suchend gefunden zu werden

»Kraftübungen« für den Alltag

◇ Im Wald stampfe ich fest mit beiden Füßen
auf. Ich spüre die Kraft, die frei wird, wenn ich
standfest bin.

◇ Im Schreien finde ich einen Zugang zu meiner
Lebenskraft. Wenn mich etwas lähmt,
bedrückt, blockiert, dann gehe ich in den Wald
und schreie laut los.

◇ Wie sieht meine Beziehungsgeschichte zu meiner Wut aus? Erlaube ich mir, wütend zu sein? Welche konstruktiven Wutanfälle helfen mir, in der Wut eine Kraft zum Leben zu entdecken?

◇ Ich bringe meine Stimme ein für meine Rechte und die Menschenrechte. Ich erinnere mich immer wieder daran, dass ich mich wehren darf und kann. Meine einmalige Würde stärkt meinen einmaligen Standpunkt.

◇ Wider-Stand: Ich stehe bewusst den Tag hindurch einen Moment gerade da. Mein achtsames Ein- und Ausatmen richtet mich von innen her auf. Ich lasse mir nicht alles gefallen, sondern lerne, auch Sorge zu tragen für mich und meinen gesunden Arbeits-rhythmus.

◇ In Entscheidungssituationen lasse ich mich nicht unter Druck setzen. Ich schreibe die Pro- und Kontra-Argumente auf, erweitere sie und suche mir im Gespräch Entscheidungs-hilfen.

6.

Du darfst scheitern

Der Lausanner Tennisspieler Stanislas Wawrinka (* 1985) brauchte eine lange Zeit, um ein Grand-Slam-Turnier zu gewinnen. Im Januar 2014 klappte es endlich. Er war ein strahlender Sieger bei den »Australian Open«. Als er nach seinem Umgang mit den Misserfolgen gefragt wurde, erwähnte er ein Zitat aus der Novelle »Worstward Ho« des irischen Literatur-Nobelpreisträgers Samuel Beckett: »Immer versucht. Immer gescheitert. Egal. Versuch es wieder. Scheitere wieder. Scheitere besser.«

Starke Worte. Stan Wawrinka hat sie sich auf seinen linken Unterarm tätowieren lassen. Wirklich glücklich wird, wer auch scheitern darf. Wenn ich kraftvoll aus meiner inneren Mitte heraus lebe, lässt mich das immer auch meine Zerbrechlichkeit erfahren. Als erfolgsverwöhnter Mensch habe ich lange gebraucht, um das Scheitern in mein Leben zu integrieren. Jahrelang hing an meinem Spiegel ein kleiner Zettel mit den Worten: »Pierre, du darfst auch scheitern.« Scheitern muss weder gesucht noch verherrlicht werden. Zugleich ist es lebensbejahend, wenn ich auch scheitern darf. Es ist schon erstaunlich, dass besonders Männer sich damit schwertun, obwohl jeder Sportler immer in der Spannung von Erfolg und Scheitern lebt. Risiken wagen, bis an seine Grenzen gehen, Neues ausprobieren, mutig aufbrechen kann uns mit dem Scheitern konfrontieren. Ich kenne keine Künstlerin und keinen Künstler, der nicht Durststrecken, Selbstzweifel, Unverstandensein und Ablehnung durchschreiten musste. Dies gilt auch für einen spirituellen Weg. Seiner Intuition zu trauen und in eine innere Freiheit hineinzuwachsen, um nicht abhängig zu sein von gängigen Mehrheitsdiktaten, konfrontiert uns immer auch mit Einsamkeit und Verunsicherungen.

»Zum Glück gescheitert« hieß das Thema eines Männertages 2012 in Winterthur, bei dem ich zu Beginn ein Impulsreferat hielt. Ich begann es mit ein paar Worten aus dem bewegenden Song »Zum Meer« von Herbert Grönemeyer: »Wer ersetzt dir dein Programm? Nur wer fallen, auch fliegen kann. Wer hilft dir, dass du dich nicht von dir entfernst?«

Durchgeschüttelt werden

»Nur wer fallen, auch fliegen kann« – diese Lebensweisheit wird in größter Intensität in dem deutschen Film »Freier Fall« (2013) von Stephan Lacant (* 1972) ausgedrückt. Berührt und aufgewühlt begegne ich in diesem Erstlingswerk zwei Polizeibeamten, Marc und Kay. Marc ist frisch verheiratet mit Bettina, und sie erwarten mit Freude ihr erstes Kind. Er versteht sich selbst nicht mehr, als er sich in Kay verliebt und die beiden eine leidenschaftliche Beziehung wagen, und das in einem latent homophoben beruflichen Umfeld. Dank der hervorragenden Schauspieler Hanno Kofler, Max Riemelt und der Schauspielerin Katharina Schüttler wird hautnah erfahrbar, dass es in diesem Film nicht nur um eine verbotene gleichgeschlechtliche Liebe geht, sondern um jene erschütternden Erfahrungen, bei denen unser Lebenswerk durch ein inneres Erdbeben wie ein Kartenhaus in sich zusammenfallen kann; kein Stein bleibt mehr auf dem anderen, und wir können uns selbst nicht mehr ausweichen. Wer in solchen Situationen mit der Moralkeule Steine wirft, der nimmt das Leben und die Liebe in ihrer Vielschichtigkeit nicht wirklich ernst. Versuchen, etwas zu verstehen, ohne mit einem Verhalten einverstanden sein zu müssen, ist eine anspruchsvolle Lebensgrundhaltung, die notwendig ist, wenn wir einüben möchten, ein großes Herz füreinander zu haben. Das bedeutet nicht, *über* den Gefühlen zu stehen, die unerwartete, durchkreuzte Lebenspläne in uns auslösen, sondern sie wahrzunehmen und zu gestalten. Damit sie sein dürfen, braucht es die Erlaubnis, auch scheitern zu können im Leben.

Mir geht dieser Film so nahe, weil ich in ihm Menschen begegne, die wie viele in einer *amour fou* durchlässig werden können für das Wesentliche, weil äußere Fassaden und Absicherungen zusammenbrechen. Kay will mehr als eine Affäre, Bettina will glücklich als Familie zusammenleben und Marc möchte beides: Freund und Familie. Wir brauchen Ideale, Werte und Orientierungen. Über all den Idealen steht aber ein wohlwollender Umgang mit sich selbst und mit anderen in Zeiten von Brüchen und Umwegen. Den größten Vorwurf gegenüber jeglicher Religion erhebe ich, wenn Menschen ausgegrenzt werden, weil sie nicht einer vorgegebenen Norm entsprechen. Die Geschichte zeigt, dass Doppelbödigkeit und Verlogenheit Kreise ziehen, wenn nur Strenge und nicht zugleich Barmherzigkeit gelebt werden.

Viele Kinofilme haben zu einer toleranten Gesellschaft beigetragen. Eine der zentralen spirituellen Werte besteht für mich im Wahrnehmen, was ist, ohne es immer schon bewerten zu müssen. All jene Filme, in denen Menschen mit Empathie und Mitgefühl porträtiert werden, tragen dazu bei, gewalttätig-fundamentalistische Ausgrenzungen zu überwinden. Der englische Regisseur Stephen Daldry (* 1960) kreiert faszinierende Filme wie »Billy Elliot« (2000) und »Der Vorleser« (2008). Die Kunst des Scheiterns entwirft er in seinem bewegenden Film »The Hours – Von Ewigkeit zu Ewigkeit« (2002). Die Schauspielerinnen Nicole Kidmann, Julianne Moore und Meryl Streep erhielten bei der Berlinale 2003 den Silbernen Bären für ihre außerordentliche Darstellungskunst in diesem Film. Er ist atemberaubend, weil er mit seiner komplexen Erzählstruktur die Geschichte dreier Frauen wiedergibt, die zu verschiedenen Zeiten leben. Nicole Kidmann spielt die Schriftstellerin Virginia Woolf, die 1923 in Richmond/England an ihrem Roman »Mrs. Dalloway« arbeitet. Julianne Moore spielt Laura Brown, die 1951 in Los Angeles diesen Roman liest, weil er ihr hilft, sich selbst besser zu verstehen. Meryl Streep spielt Clarissa Vaughan, die 2001 in New York lebt und sich oft wie Mrs. Dalloway fühlt. Sie lebt in einer Beziehung mit ihrer Freundin Sally. Dank einem genialen Filmschnitt verweben sich diese drei

Lebensgeschichten, in denen die Zerbrechlichkeit, das Bemühen um einen richtigen Weg und das Scheitern intensiv zum Dasein gehören. Somit wird eine tiefere Verbundenheit der drei Leben sichtbar, die den Film zu einem hautnahen Erlebnis werden lassen, weil die Bilder aus den drei Epochen den ganzen Film hindurch ineinanderfließen. Ein Beispiel: Virgina Woolf gelingt 1923 endlich der lang ersehnte erste Satz ihres Romans: »Mrs. Dalloway sagte, sie wolle die Blumen selber kaufen.« Laura Brown liest sich beim Erwachen diesen Satz 1951 in Los Angeles laut vor und Clarissa Vaughan sagt 2001 zu ihrer Freundin, sie werde die Blumen zum Fest selbst kaufen.

Das Verknüpfen dieser drei Ebenen weckte in mir beim Anschauen des Films eine unglaubliche Fülle von Gefühlen, die mich dank der bezaubernden Bilder und der eindringlichen Filmmusik von Philip Glass wochenlang begleitet haben. Wenn es mir gelingt, die Filmbilder in Verbindung mit meinem eigenen Lebensweg zu bringen, meinem Leiden und Hoffen, dann erahne ich oft in diesem Nachklang eine göttliche Spur, die mir hilft, mich weniger abzuwerten.

Noch ein Beispiel aus dem Film: Virgina Woolf hält es nicht mehr aus mit sich, sie beschließt, im Fluss zu sterben. In ihrem Abschiedsbrief an ihren Mann Leonard schreibt sie: »Du hast mir das größtmögliche Glück geschenkt. Ich glaube nicht, dass zwei Menschen glücklicher hätten sein können, als wir es gewesen sind ...« Zuvor sagt sie ihm in einer der vielen Auseinandersetzungen rund um ihre Depressionen, dass es in einer Beziehung darum gehe, dem Leben ins Gesicht zu sehen und es als das zu erkennen, was es wirklich ist, es zu lieben, wie es ist, um es dann fortgeben zu können. Eine unglaubliche Spannbreite, die mir in diesem Film entgegenkommt und mich befreien möchte von einem vorschnellen Urteil. Das Aushalten eines fragwürdigen Unterwegsseins verdichtet sich auch in der Begegnung der 80-jährigen Laura Brown mit Clarissa Vaughan: Laura hat nach der Lektüre des Romans »Mrs. Dalloway« ihren Mann und ihre beiden Kinder verlassen. 50 Jahre später trifft sie Clarissa und erklärt ihr mit Tränen in den Augen, wie unverzeihlich so ein Schritt bleibe. Zugleich sagt sie voller Kraft: »Wie soll ich ihn bereuen, wenn ich keine andere Wahl hatte? Diese Ehe war der Tod, und ich wählte das Leben!«

Allein schon diese wenigen Worte von Virginia und Laura beinhalten grundlegende spirituelle Lebensthemen, deren Bewertung sich nicht vorschnell als richtig und falsch einordnen lassen. Verstehen zu können, ohne gleich einverstanden sein zu müssen heißt jene spirituelle Gratwanderung, die uns Schritt für Schritt Respekt und Toleranz eröffnen kann.

Heute
überspiele ich meine Ohnmacht nicht mehr
ich strecke mich weit aus
meiner Bedürftigkeit entgegen

Heute
empfange ich meine Überforderung
schenke ihr Gestalt
die über mich hinausweist

Heute
wage ich ganzes Menschsein
kraftvoll innerlich aufgerichtet
zur ehrlichen Ratlosigkeit

Heute
zeigt sich mir in großer Klarheit
wie mein Scheitern Menschlichkeit stiftet

Geschehen lassen

*»Clown wird man erst, wenn man
keine andere Möglichkeit mehr hat.«*
Johannes Galli (* 1952)

Johannes Galli aus Freiburg im Breisgau bezeichnet sich
selbst als philosophierenden Clown. Mit seinen Clownbil-
dern und seinen Gedanken möchte er sogar die »Lust am
Scheitern« in uns wecken, damit wir im richtigen Moment
genau das Falsche tun können! Scheitern zu dürfen muss
nicht immer anstrengend sein. Ganz im Gegenteil: Es
kann befreiend sein.

Es lässt mich das Glück der Unvollkommenheit erfahren. Damit meine ich nicht, dass wir unsere Verantwortung
nicht wahrnehmen und gleichgültig im Leben stehen sollen. Mit diesem Buch will ich vielmehr uns allen Mut
machen zu einer befreienden Unvollkommenheit, damit
wir noch weiter über uns hinauswachsen können. Ich sehe
auf meinen vielen Reisen zu viele verkrampfte und verbis-
sene Gesichter, die nicht weiterhelfen im Engagement für
mehr Menschlichkeit.

Auch wenn ich mein Bestes gegeben habe, so bleibt es
bruchstückhaft, und das ist gut so! Damit wir noch mehr in
unsere Urkraft hineinwachsen können, braucht es den alltäglichen Erlaubnisschein, begrenzt zu sein. Humor, auch
über sich selbst wohlwollend lachen zu können, ist eine
Lebenshilfe, die Erfolg und Scheitern miteinander verbin-

det. Die Regisseurin Doris Dörrie (* 1955) erwähnt im Hinblick auf ihren wunderbaren Film »Kirschblüten – Hanami« die Lebenskunst des Geschehenlassens: »Und siehe da: Die Kontrolle aufzugeben stellte sich für mich als aufregender und auch vielleicht ›liebevoller‹ heraus, als sie auszuüben. Diese Art zu drehen schien mir jetzt besser geeignet, den Dingen auf den Grund zu gehen …«

Diese Aussage empfinde ich als zutiefst spirituell. Unsere Lebensaufgabe besteht darin, Hingabe zu wagen. Zu einer echten, geerdeten Hingabe kann auch die Auflehnung gehören. Filmemachen braucht beharrliche Geduld, konsequente Anstrengung, Teamwork, und damit die Bilder nicht an der Oberfläche bleiben, sondern uns zum Grund des Lebens begleiten, braucht es auch die Gabe, die Kontrolle aufgeben zu können. In diesem mutigen Risiko wird uns Leere und Fülle begegnen, die sich abwechseln wie Erfolg und Scheitern. Auch die neuseeländische Regisseurin Jane Campion (* 1954), die einzige Filmemacherin, die in Cannes die »Goldene Palme« für ihren umwerfenden Film »Das Piano« erhalten hat, bekennt: »Wenn ich auf nichts hinarbeite, dann geschehen und ergeben sich die aufregendsten Dinge. Ich lasse etwas geschehen, anstatt es mit aller Macht zu erzwingen.«

So erstaunt es mich dann nicht mehr, wenn sie die Mitarbeitenden ihrer Filmcrew dazu anstiftet, auch Spaß bei der Arbeit zu haben: Verantwortungsvolles Arbeiten kostet viel Energie, Spaß bei der Arbeit schenkt uns Lebensenergie. Kein Zufall also, dass Jane Campion einen berührenden Film über den englischen Dichter John Keats (1795–1821) gedreht hat. Er war einer der wichtigsten Vertreter der englischen Romantik. In seinem kurzen Leben fühlte er sich als Versager, weil seine Gedichtbände keine Bestseller waren. Der Film »Bright Star« (2009) entwickelt die Beziehung mit ihm aus der Sicht seiner Freundin Fanny Brawne. Es ist die Geschichte einer unmöglichen Liebe. Da sich die beiden Verliebten wenig sehen können, schreibt John Keats kraftvolle Gedichte und Briefe an Fanny, die Jane Campion zu nüchtern-romantischen Bildern inspirieren. Gedichte können genauso wie spirituelle Erfahrungen des Aufgehobenseins nicht einfach nur verstanden werden, sie möchten erspürt werden. John Keats betont dies gleich zu Beginn des Films: »Wenn Poesie nicht von selbst kommt wie Blätter an einen Baum, käme sie besser gar nicht … Man versteht ein Gedicht nur durch die Sinne. Es ist eine Erfahrung, die kein Nachdenken braucht.«

Die vielen sinnlichen Bilder des Films verweisen auf diese spirituelle Haltung, die immer auch einen Preis hat: den der Einsamkeit, des Nichtverstandenwerdens, der Zweifel. Darum beinhaltet die Kunst des Scheiterns immer etwas Paradoxes: Sie bestärkt zur Annahme der eigenen Begrenztheit, damit Grenzenloses möglich wird. Diese Lebenserfahrung hebt auch der Liedermacher Konstantin Wecker (* 1947) in seinem Buch »Die Kunst des Scheiterns. Tausend unmögliche Wege, das Glück zu finden« hervor: »Ich glaube immer mehr, dass das Glück nur in der

Reduktion zu finden ist.« Glücklich werden wir, wenn wir auch jeden Tag unglücklich sein dürfen.

John Keats ist mit 26 Jahren in Rom an einer Tuberkuloseinfektion gestorben. Als Jane Campion sein Grab auf dem Protestantischen Friedhof in Rom besucht, schreibt sie in ihr Tagebuch zum Film: »Keats' Verse haben mir das Tor zur Poesie geöffnet, während sein Leben und seine Briefe in mir eine neue kreative Beziehung zu mir selbst und zugleich den Glauben an etwas Göttliches erweckten. Für seine besten Gedichte kann es keine andere Erklärung geben. Keats, der schöne Mensch, entfaltete sich und erstrahlte wie ein ›glanzvoller Stern‹.«

Diese Worte tun mir einfach gut. Sie bestärken mich darin, spirituelle Spuren in Kinofilmen freizulegen, in denen ich mir selbst nahe komme und dadurch eine verbindende göttliche Lebenskraft spüre.

Befreiend die Grundhaltung
scheitern zu dürfen
unvollkommen zu bleiben
als hohes Ideal echter Menschwerdung

All mein Sein und Wirken
bleibt zum Glück immer Stückwerk
auch wenn ich mein Bestes gegeben habe
bleibe ich mir und anderen etwas schuldig

Erlösend die Einsicht
an Brüchen wachsen zu können
aus Fehlern lernen zu dürfen
als Weg der Toleranz

Echte Beziehungsfähigkeit
ist ohne Konflikte ungesund
wachsende Lebendigkeit
braucht leidenschaftliche Auseinandersetzungen

Bewegend die Zusage
niemals perfekt sein zu müssen
stets reifen zu können
als Versöhnung mit dem Leben

Gewinnen können, weil ich scheitern darf

Mein Kindheitstraum war mir seit meinem ersten Schul-
aufsatz sehr klar vor Augen: Bücher schreiben zu können.
38 Jahre habe ich auf eine Erlaubnis von außen gewartet
und mich von vernünftigen Rat-Schlägen wie: »Das kann
fast niemand, nur Genies!« abhalten lassen von meinem
Traum. Heimlich habe ich ihn jedoch all die Jahre weiter-
geträumt, und als der Leidensdruck groß genug war, wurde
mir mitten in einer schlaflosen Nacht klar, dass ich meine
150 aktualisierten Psalmen vielen deutschen Verlagen sen-
den werde. Nicht auf einmal, sondern peu à peu, mit der
befreienden Grundhaltung: »Ich kann nur gewinnen, auch
wenn ich Absagen erhalte!« Ich fand meine Idee genial,
immer am ersten Tag eines Monats das Manuskript per Post
einem Verlag zuzusenden. 22 Monate lang habe ich das
getan – und 22 Absagen erhalten. Das war schon hart, doch
das gute Gefühl, meinem Traum zur Geburt zu verhelfen,
war größer. Beim 23. Versuch klappte es, war aber verbunden mit der Bedingung, dass ich die Hälfte der Druckkosten
übernehme. Weil es für mich einfacher war, anderen zu
helfen, als Hilfe anzunehmen, wollte ich schon aufgeben.
Zum Glück habe ich es nicht getan und in einem Rundbrief
meine Bekannten um eine kleine finanzielle Unterstützung
gebeten. So haben sich viele kleine Beträge zu einer großen Summe zusammengefunden. Seither bestärke ich
Suchende im Zupacken und Geschehenlassen, weil sich in
meinem Leben diese gute Spannung bewährt hat.

Ich finde diese Haltung auch in dem Film »Das Mädchen Wadjda« (2012). Es ist der erste aus Saudi-Arabien, der von einer Frau gedreht wurde: von der Regisseurin Haifaa al Mansour (* 1974). Ein beglückender Film, der ein zehnjähriges, keckes Mädchen in den Mittelpunkt stellt. Wadjda wagt das Unmögliche: Sie möchte ein Fahrrad, obwohl das Fahrradfahren Mädchen verboten ist. Wadjda zeigt und bestätigt mir, dass es dank beharrlicher Geduld möglich sein kann, Ungewohntes zu verwirklichen. Mit ihrem leichtfüßig-kämpferischen Dasein, das voll innerer Lebenskraft steckt, kann sie Jung und Alt zu einer engagierten Gelassenheit locken. Dieser mutige Spielfilm zeigt nicht nur auf eine überzeugend-spannende Art und Weise die Geschichte eines wilden Mädchens, sondern konfrontiert uns mit strukturellen Ungerechtigkeiten, die die Gleichberechtigung von Frauen ablehnen. Wadjda kämpft, weil sie ihrer Herzensstimme traut. Sie engagiert sich mit Klugheit und Originalität. Damit sie beweisen kann, dass Selbstbestimmung und Gottvertrauen keine Gegensätze sein müssen, lernt sie für einen Wettbewerb viele Koranstellen auswendig. Mehr noch, sie verinnerlicht sie so stark, dass sie die Jury überzeugt und den ersten Preis gewinnt. Als sie jedoch mitteilt, dass sie ihr Preisgeld für den Kauf eines neuen Fahrrades einsetzen will, kommen ihr neue Widerstände entgegen. Mit beharrlicher Geduld bleibt sie dran. Dank ihres langen Atems der Hoffnung wird ihr Traum Wirklichkeit. Sie fährt auf dem Fahrrad einer neuen Zukunft entgegen.

Mit sich selbst
in einem Raum sein
auf die Stille hören
Einsamkeit wagen

In sich entdecken
was gelebt werden möchte
seiner Sehnsucht trauen
sich mit Wohlwollen begegnen

Sein wahres Bild entdecken
auch sich selbst Vorbild sein
mit Entschiedenheit ausdrücken
was sich als Lebensauftrag zeigt

All-eins
tief verbunden

Die Größe der Kleinen

»Auf der Seite der Verlierer sein im Weltprozess« hieß das Lebensmotto des deutschen Philosophen, Essayisten und Literaturkritikers Walter Benjamin (1892–1940). Er schrieb mir zutiefst aus dem Herzen. Zugleich ist es mir wichtig geworden, auch auf der Seite des Verlorenen in mir zu sein und zu bleiben. Mein spiritueller Weg achtet darauf, gut mit mir selbst zu sein, ohne ständig um mich selbst kreisen zu müssen, und ein engagiertes Mitgefühl für und mit all jenen zu wagen, die sich schwertun, sich im eigenen Leben zurechtzufinden. Das Wachhalten der Würde eines jeden Menschen ist für mich ein wichtiges ethisches Postulat, das ich in vielen Filmen entdecke. Mit Respekt und Achtsamkeit auch Menschen zu porträtieren, die scheitern, ist ein wichtiger Beitrag zu mehr Toleranz. Der französisch-schweizerischen Filmregisseurin Ursula Meier (* 1971) gelingt diese anspruchsvolle Parteinahme für die Kleinen hervorragend. Meine Freude war groß, als ihr Film »Winterdieb – L'enfant d'en haut« den Silbernen Bären der Berlinale 2012 erhalten hat. Sie erzählt darin die Geschichte des 12-jährigen Simon, der mit seiner jungen arbeitslosen Mutter Louise in der Rhoneebene im Wallis wohnt. Um überleben zu können, pendelt er regelmäßig mit der Seilbahn in die Höhe und klaut den reichen Skigästen ihre teuren Ausrüstungen. Mit dem Geld will sich Simon die Liebe seiner überforderten Mutter erkaufen, die ihn überall als ihren kleinen Bruder vorstellt. Bilder von unglaublicher Intensität bringen mich in Berührung mit einer verlorenen Kindheit, die sehr schmerzt. Ursula Meier zeigt Simon als raffinierten Dieb, der jedoch immer auch mehr ist und in dem eine große Sehnsucht wohnt. Die Seilbahnfahrten werden zur Parabel einer zunehmenden Kluft zwischen oben und unten, arm und reich. Simon und Louise – genial gespielt von Kacey Mottet Klein und Léa Seydoux – tun alles, um ihre Selbsttäuschung aufrechtzuerhalten.

Ursula Meier meint selbst dazu: »Ich mag es, Grenzen zu verschieben, ans Äußerste zu gehen, tiefer zu graben, dorthin vorzudringen, wo ich noch nicht war. Ich habe den Drang zu filmen, was unter der Haut liegt, die Schattenbereiche, das Verschwommene. Dabei lote ich immer wieder die filmische Sprache aus und hoffe – irgendwann – ein Licht, einen Moment der Gnade zu finden.«

Dieses zentrale Lebensthema ist sehr persönlich und politisch zugleich. Die Verknüpfung dieser beiden Themen – ich kann nie apolitisch sein, wenn ich nichts sage, sage ich Ja zur Realität – finde ich auch in den Dokumentar- und Spielfilmen des Lausanner Regisseurs Lionel Baier (* 1975). Achtsam-genau hinzuschauen, ohne voyeuristisch zu werden, ist eine Kunst, in der ich eine spirituelle Begabung erkenne – was natürlich nicht sein muss, jedoch kann! In seinem Film »Un autre homme« (2008) entfaltet er das persönliche und gesellschaftliche Thema der Selbsttäuschung und Selbstsucht in einer humorvoll-schonungslosen Satire, die zum Spiegel werden kann für all jene

Momente in unserem Leben, in denen wir uns etwas vormachen. Baier erzählt von François, ein kleiner Journalist im Schweizer Jura, der Filmkritiken abschreibt. Er verstrickt sich in Unwahrheiten, auch in seiner Beziehung zu seiner Freundin und zu Rosa, einer Filmkritikerin aus Lausanne. Leicht und schonungslos kommen mir die Schwarzweißbilder mit Winterlandschaften entgegen. Ich schätze die Filme von Lionel Baier sehr, weil er wie in diesem Film Menschen in ihrer Begrenztheit respektvoll porträtiert und zugleich originell aufzeigt, dass wir immer mehr sind als unsere Grenzen und dass uns eine neue Weite erwartet. Darum geht es auch in einer spirituellen Lebensgestaltung: vorgegebene, einengende Tatsachen zu hinterfragen, zu entlarven, sich beflügeln zu lassen, indem wir unseren lebensbehindernden Mechanismen auf den Grund gehen. Das kann sehr schmerzvoll, jedoch heilsam sein.

Glücklich
wer sich im Alltäglichen
von der Vielfarbigkeit des Lebens
berühren und bewegen lässt

Glücklich
wer in seiner Sensibilität
jene Lebenskraft entdeckt
die Verweilen und Zuhören fördert

Glücklich
wer alle neuen Räume
im Lebenshaus durchschreitet
Dunkles und Helles verbindet

Glücklich
wer zupackt und geschehen lässt
erwacht zum Traum
einer zärtlichen Gastfreundschaft

»Kraftübungen« für den Alltag

🎬 Ich lege mir eine originelle Karte an einen Ort, an dem ich oft vorübergehe, und schreibe darauf den Satz: »Du darfst auch scheitern.«

🎬 Im Gespräch mit einer vertrauten Person erinnere ich mich, wie sich mir durch eine Situation, in der ich gescheitert bin, eine unerwartete, neue Perspektive eröffnet hat.

🎬 Den eigenen Grenzen und Einschränkungen mit Mitgefühl begegnen: Ich schreibe ganz bewusst in mein Tagebuch, wie es mir gelingen kann, auch mir selbst mit Mitgefühl zu begegnen. Ich schreibe zudem auf, mit welchen meiner Grenzerfahrungen ich mich immer noch schwertue.

🎬 Ich suche mir Verbündete, um mich auf die Seite der Verlierenden in unserer Gesellschaft stellen zu können.

🎬 Ich koste meinen eigenen Erfolg noch mehr aus und feiere ihn mit anderen.

🎬 Im Entfalten einer Spiritualität der Unvollkommenheit danke ich jeden Tag neu für meine Lebenskraft, meine Talente, und genieße es, sie entfalten zu können. Zugleich verinnerliche ich jeden Tag neu, mich anzunehmen mit meiner Verletzlichkeit, meiner Begrenztheit. Ich stehe den Tag hindurch einen kleinen Moment ganz bewusst gerade für mein Leben. Ich atme tief ein- und aus. Ich lockere meine Schultern, ich sage Ja zu meinen Stärken und zu meinen Schwächen.

7.

Sag Ja zu deinem Weg

Die englische Schauspielerin Judy Dench (* 1934) verkörpert nicht nur in sieben James-Bond-Filmen »M«, die Chefin des britischen Geheimdienstes, sondern wirkt auch in anspruchsvolleren Filmen mit. In »Philomena« (2013) von Stephen Fears wird ihre hervorragende Schauspielkunst sichtbar. In diesem Film geht es um die zentrale Frage der Versöhnung mit dem eigenen Leben, die auch dank beharrlicher Geduld möglich werden kann. Sich mit seinen Wurzeln zu versöhnen kann ganz schön anstrengend und ein langer Prozess sein. Wenn uns viele Stolpersteine in den Weg gelegt wurden, wenn uns Unrecht oder sogar Gewalt geschehen ist, dann ist es sehr hart, sich mit dem eigenen Weg zu versöhnen. Versöhnung aus tiefstem Herzen ist wie alles Wesentliche im Leben nicht machbar. Doch wir können daran arbeiten, indem wir uns beispielsweise Unterstützung suchen, um nicht hart und bitter zu werden.

Der Film basiert auf der wahren Geschichte von Philomena Lee. Nachdem sie 50 Jahre ihr großes Lebensgeheimnis allein mit sich herumgetragen hat, erzählt sie als 70-jährige Frau ihrer Tochter, dass sie als junge Frau einen unehelichen Sohn geboren hat. Sie musste daher wie viele andere »gefallene« Frauen zur Geburt in ein Kloster und sich dort zur Zwangsarbeit und zur Adoptionsfreigabe ihres Kindes verpflichten. Ihr Kind, Anthony, wurde nach Amerika »verkauft«.

Philomenas Tochter bringt sie in Verbindung mit dem Journalisten Martin Sixsmith, der ihr helfen soll, ihren Sohn zu finden und diese dunkle Seite des irischen Katholizismus offenzulegen. Als es ihr und dem Journalisten nach vielen Umwegen gelingt, die Nonne zur Rede zu stellen, die all die Jahre einen Kontakt zwischen ihr und ihrem Sohn verhindert hat, eskaliert das Gespräch. Die Wut und Empörung des Journalisten ist groß, und sie wird noch größer, als Philomena der Klosterschwester vergibt, die ihr unsägliches Leid zugefügt hat. Auf die entsetzte Frage des Journalisten: »Sie tun also nichts und vergeben einfach so?« antwortet Philomena: »Nein, nicht einfach so. Es ist schwer. Es fällt mir schwer, doch ich will die Menschen nicht hassen …«

Judi Dench spielt mit viel Entschiedenheit und Humor ihre Rolle als starke Frau, die ich in Verbindung bringe mit einer engagierten Gelassenheit. Die wahre Geschichte von Philomena hat durch diesen bewegenden Film dazu beigetragen, eine versteckte Ungerechtigkeit ans Licht zu bringen. So gelang es der »echten« Philomena Lee im Frühjahr 2014, eine Audienz bei Papst Franziskus zu erhalten, bei der sie ihm ihre Kampagne zur Freigabe der über 60 000 Adoptionsakten, die noch immer unter Verschluss gehalten werden, vorstellte.

In der Wirklichkeit und im Film begegne ich einer kraftvollen Frau, die Versöhnung wagt, damit sie nicht bitter und hart wird. Sie will ihre Lebenskraft nicht vom Hass vergiften lassen, sondern sie für mehr Mitmenschlichkeit einsetzen.

Sich mit seinem Leben zu versöhnen ist ein zentraler Aspekt in der spirituellen Tradition. Wer wagt, zu sich zu stehen, aus seiner inneren Kraft heraus zu leben und seinen ureigenen Weg zu gehen, der wird neben der Zustimmung immer auch Kritik und Ablehnung erfahren. Dies kann sehr verletzend sein und wird oft auch als sehr ungerecht empfunden. Sich wehren zu können, eigenes Recht zu suchen und eine Wiedergutmachung einzufordern ist entscheidend auf einem Versöhnungsweg. Nichts ist schlimmer als eine falsche Versöhnlichkeit, in der sogar Gewalt verharmlost, verdrängt oder schöngeredet wird. Zugleich kann zu einem selbstbewussten Leben die Grenzerfahrung gehören, nicht gehört, nicht gesehen, nicht verstanden oder nicht rehabilitiert zu werden.

Philomena erlebt diese schmerzhafte Wirklichkeit. Zu ihrem Glück sieht sie ein, dass ihr die alte Schwester nicht mehr das geben kann, was sie braucht. Sie ist leider nicht mehr fähig, nur dieses eine befreiende Wort auszusprechen: Entschuldigung! Ich kenne viele Menschen, die mit der Zeit und unter Schmerzen lernen mussten, anzunehmen, dass sie eine Wiedergutmachung nicht erhalten können – ich zähle mich auch dazu. Dank der Inspiration vieler Mystiker und Mystikerinnen und einer therapeutischen Begleitung habe ich gelernt, nicht in der Opferrolle stecken zu bleiben. Dahinter steckt ein langer Weg mit vielen Höhen und Tiefen und mit dem Zuspruch, dass es möglich ist, Versöhnung zu leben, auch über den Tod hinaus. Diese existenzielle Lebenserfahrung finde ich in vielen Filmszenen wieder, die mir auch eine Lebenshilfe geworden sind, weil ich dann nicht in der irrtümlichen Enge gefangen bleibe, dass es nur mir so ergangen ist.

Versöhnung über den Tod hinaus

In dem japanischen Film »Nokan – Die Kunst des Ausklangs« (2008) von Yojiro Takita findet sich eine eindrückliche Filmszene, in der deutlich wird, dass auch eine Versöhnung nach dem Tode möglich ist: Für den frisch verheirateten Daigo ist es der absolute Schock, als er seine Stelle als Cellist verliert, weil das Orchester aufgelöst wird. Nun ist er gezwungen, so schnell wie möglich eine neue Arbeitsstelle zu finden. Er bewirbt sich bei einem Reiseveranstalter, ohne zu merken, dass es ein Bestattungsinstitut ist, das die Menschen auf ihrer letzten Reise begleitet. Der Torwächter des Institutes sagt im Film die weisen Worte: »All die Jahre, die ich hier arbeite, habe ich oft gedacht, dass der Tod vielleicht nur ein Tor ist. Sterben ist nicht das Ende. Man geht hindurch und weiter zum nächsten. Es ist ein Tor, und ich als Torwächter habe schon viele auf den Weg geschickt und gesagt: ›Hab eine gute Reise, wir alle sehen uns wieder.‹«

So lernt Daigo das uralte Ritual »Nokan« kennen, bei dem Verstorbene zu Hause im Beisein von Familie und Freundeskreis in den Sarg hineingelegt werden, nachdem sie mit größter Achtsamkeit eingekleidet wurden. Diesem Film ist es vortrefflich gelungen, ein Tabuthema beherzt einer breiteren Öffentlichkeit nahezubringen. Als Gewinner des Auslands-Oscar 2009 hat er viele zum Weinen und auch zum Lachen bewegt, weil hier das letzte Abschiednehmen hineingeholt wird in die Vielfalt des Alltags.

Dieser Film rührt mich besonders an, weil in den letzten Minuten die Thematik der Versöhnung mit dem verstorbenen Vater in einer glaubwürdigen Art und Weise entfaltet wird: Daigo hat ein Leben lang darunter gelitten, dass sein Vater seine Familie früh verlassen hat und keinen Kontakt mehr wollte, auch nicht zu ihm. Zufällig wird er nun mit der Möglichkeit konfrontiert, das »Nokan«-Ritual auch mit seinem verstorbenen Vater feiern zu können. Zuerst weigert er sich, weil die Wut auf ihn immer noch sehr groß ist. Erst durch die Ermutigung seiner Frau begibt er sich auf diese Versöhnungsreise, weil er ahnt, dass er eine große Chance verpassen würde, wenn er diesem Schmerz ausweicht.

Mit Bildern von größter Einfachheit und Intensität, die mich auch nach mehrmaligem Anschauen zum Weinen bewegen, zeigt diese Filmszene die zeitlose Lebensweisheit auf, dass es möglich ist, sich mit seinem Ursprung und seinen Primärbeziehungen versöhnen zu können. Diese Ursehnsucht sitzt ganz tief in unserem Herzen, und wir hängen uns selbst Klötze an unsere Beine, wenn wir diesen Schritt nicht wagen. Es kostet uns Energie, und unsere Kraftquelle verschließt sich uns, wenn wir in der Verbitterung stecken bleiben. Wir können viel dafür tun, ohne jedoch die Gewissheit zu haben, auch vom Herzen her verzeihen zu können. Es war für mich eine harte Lebens-schule anzunehmen, dass ich oft von Friedensschritten sprach und selbst innerlich noch nicht zum Verzeihen bereit war.

Manchmal ist es nicht mehr möglich, mit den Eltern Schwieriges aufzuarbeiten, wenn sie noch leben. Dies ist schmerzvoll und kann unsere Lebenskraft blockieren. Darum bin ich diesem Film so dankbar, dass er überzeu-gend aufzeigt, dass eine Versöhnung auch nach dem Tod möglich ist. Ich konnte mich auch erst viele Jahre nach dem Tod meiner Eltern mit ihnen versöhnen. Wie Daigo habe ich auf einmal gespürt, dass unsere Beziehung viel mehr war als all die unausgesprochenen Konflikte.

Versöhnung wird möglich, wenn wir nach einem müh-sam-befreienden Prozess annehmen, dass auch unsere Eltern begrenzt sind und uns mit ihrem Anspruch, nur das Beste für uns zu wollen, behindert haben in unserer Ent-wicklung. Kraft aus den Wurzeln wird uns zufließen, wenn wir uns Wut und Auflehnung erlauben und uns zugleich daran erinnern, dass dies nur ein Teil von uns selbst und nur ein Teil unserer Mutter-/Vaterbeziehung ist.

Auch der beim Festival in Venedig preisgekrönte italie-nische Film »Mr. May und das Flüstern der Ewigkeit – Still Live« (2013) von Uberto Pasolini gelingt ein ausdrucksstar-kes, mitfühlendes Plädoyer für die einmalige Würde eines jeden Menschen. In diesem Postulat der Menschlichkeit, die über den Tod hinaus gilt, geht es um etwas sehr Persön-liches und zugleich höchst Politisches: *22 Jahre lang küm-*

mert sich Mr. May als Angestellter der Londoner Stadt-verwaltung um die Bestattung einsam verstorbener Menschen. Als er aufgrund von Sparmaßnahmen seine Kündigung erhält, versteht er die Welt nicht mehr. Bestattungen, bei denen niemand dabei ist, sind mit das Trostloseste, das es gibt. Dieser Trostlosigkeit setzt Mr. May mit seiner ganzen Lebenskraft sein Mitsein entgegen. Großartig spielt Eddie Marsan seinen Part mit faszinierender Tragikomik so, wie das einfach-außerordentliche Leben eines jeden Menschen ist. Der Regisseur, ein Neffe des großen italienischen Regisseur Luchino Visconti (1906–1976), entwirft Szenen voller Mitgefühl, die die kleinkarierte, politische Enge und die zunehmende Isolierung der Menschen in einer Stadt humorvoll-bissig aufzeigt. Ganz bewusst nenne ich dieses erstaunliche Werk einen Versöhnungsfilm. Der eigenwillige Weg von Mr. May zeigt in großer Klarheit auf, dass wir der Diktatur der Schnelligkeit und Gleichgültigkeit eine mitfühlende Achtsamkeit entgegensetzen können.

Heimgehen können
behutsam eintauchen
in die Kunst des Sterbens

Empörung und Annahme
umarmen sich
leidenschaftlich gelassen

Abschied nehmen
hineingeboren werden
in die Ewigkeit der Liebe

Verlorenheit annehmen
Vertrauen erahnen
Verwandlung spüren

Nicht nur im Film »Nokan«, sondern auch in dem bemerkenswerten Dokumentarfilm »Vergiss mein nicht« (2012) von David Sieveking wird offensichtlich, dass die Thematik der Versöhnung mit dem eigenen Weg gerade für Männer von größter Bedeutung ist. In diesem Film wird der Regisseur David Sieveking (* 1977) wie sein Vater und seine Geschwister mit der fortschreitenden Demenzerkrankung seiner Mutter Gretel konfrontiert. Geradezu exemplarisch zeigt er im Filmporträt der Mutter auf, wie echte Versöhnung gelingen kann: in die Erinnerung gehen, Leichtes und Schweres, Unbekanntes und Vertrautes in Wort und Bild aufscheinen lassen. Als Glücksfall ist dieser Dokumentarfilm zu bezeichnen, weil dank einer tiefsinnig-humorvollen Reise in die Erinnerung Lachen und Weinen gleichzeitig möglich werden und das Leben in seiner Zerbrechlichkeit in einem größeren Ganzen aufgehoben ist. Kraftvoll ist dieser Film, weil der Vater Malte sich erlaubt, allein einige Wochen ins Berner Oberland zu fahren, um neue Kraft zu schöpfen für die Begleitung seiner Frau. Genau um diese Grundhaltung geht es auf einem spirituellen Weg: Je mehr wir gefordert sind, je mehr uns das Leben durchschüttelt, umso mehr sind wir verpflichtet, auch gut für uns und unsere Balance zu sorgen. So wird der Reflex aufgeweicht, jetzt erst recht durchhalten zu müssen, sich zurückzunehmen und nur noch für die erkrankte Person da zu sein. Die einmalige Würde aller Betroffenen wird in diesem berührenden Film in alltagsnahen Begegnungen und in Dialogen zu einer Hymne an das Leben, zu dem auch das Sterben gehört. Bewegend-hoffnungsvoll finde ich gegen Ende des Films die Worte des Filmemachers, die er nach dem Tod seiner Mutter ausspricht: »Gretels guter Geist begleitet mich und sagt mir, wo's langgeht.«

Wie komplex und anspruchsvoll das Begleiten einer an Demenz erkrankten Person sein kann, hat Michael Hanecke (* 1942) in seinem preisgekrönten Film »Amour – Liebe« (2012) dargestellt. Dank des hervorragenden Schauspielerpaars Emmanuelle Riva und Jean-Louis Trintignant wird diese Gratwanderung zwischen Hoffen und Verzweifeln so kraftvoll entfaltet, dass mir die Atmosphäre dieses Films mit seinen ausdrucksstark-einfachen zärtlichen Gesten unvergesslich bleibt.

Berührt in einem Zug

Pfingsten 2014 fällt mir im Zug die »Welt am Sonntag« zu. Ich entdecke darin einen Artikel über den Trauerweg des Schauspielers Wanja Mues (* 1973), den ich ab und zu gerne in der ZDF-Krimiserie »Kommissar Stolberg« sehe. Seine Eltern sind 2011 zusammen mit einem befreundeten Ehepaar auf einem Bürgersteig in Hamburg durch einen Autofahrer in den Tod gerissen worden. Drei Jahre später entsteht an der Unfallstelle ein Mahnmal: Vier Bänke stehen rund um einen Baum. »Es ist, als ob jemand dir das Herz herausgerissen hätte«, sagt Wanja Mues zu diesem schrecklichen Tod seiner Eltern. Drei Jahre arbeitet er innerlich an diesem schweren Verlust, der kaum verschmerzbar ist. Doch er erzählt auch vom Tod als dem Beginn von etwas Neuem und genau wie David Sieveking von diesem Ahnen, dass die Eltern weiterhin präsent sind, nur anders: »In den Momenten, in denen ich zweifle, das Gefühl habe, es geht nicht, dann kann es sein, dass ich eine Hand spüre und die Stimme meines Vaters höre: ›Ist alles ok! Es wird schon!‹.«

Ich bin tief bewegt beim Lesen dieser Worte. Sie erzählen von einem großen Segen, den wir auch nach dem Tod von einem Verstorbenen erhalten können. Ich fühle mich bestätigt, dass viele Menschen eine spirituelle Spur in ihrem Leben entdecken, als Chance zur Versöhnung mit den harten Brocken auf ihrem Lebensweg. Vereinnahmen will ich niemanden, doch ich spüre beim Lesen, was für mich zu Pfingsten gehört: die heilend-göttliche Geistkraft weht, wo sie will. Unaufhaltsam!

Würdigen, was schon da ist

Wir Menschen haben eine gewisse Tendenz, dem Negativen und dem Unerreichten zu viel Gewicht zu geben im Leben. Dadurch verpassen wir das wunderbar Kraftvolle, das uns jeden Tag neu erwartet. Wir können uns jederzeit mit unserem Leben versöhnen, wenn wir die Kunst entwickeln, all das zu sehen, was schon da, was möglich geworden ist, allen Schwierigkeiten zum Trotz. Ein ganz persönlicher Versöhnungsweg, auf dem wir aus tiefem Herzen Ja sagen zu unserer Geschichte, zu unserem Ursprung, zu unserem einzigartigen Weg, wird gestärkt, wenn wir einüben, regelmäßig all das zu würdigen, was uns geschenkt ist und was wir erarbeiten konnten. Eine neue Lebensqualität eröffnet sich uns, wenn wir nicht im Schweren stecken bleiben, wenn wir uns weniger mit anderen vergleichen und uns schon gar nicht blenden lassen von großen Stars, sondern unseren Vertrauensstern in uns entdecken. Er erleuchtet all das, was unverkennbar nur zu uns gehört und unsere Einmaligkeit ausmacht.

Der französische Regisseur Martin Provost (* 1957) hat die große Gabe, Filmporträts von in Vergessenheit geratenen Frauen zu entwerfen, bei denen er mit wunderbar-poetischen Bildern die innere Kraft der Portraitierten zum Leuchten bringt. In seiner mit sieben Césars ausgezeichneten Filmbiografie »Séraphine« (2008) begegne ich der französischen Malerin Séraphine Louis (1864–1942), auch Séraphine de Senlis genannt. Sie lebte in großer Armut und verdiente sich ihren Lebensunterhalt mit Putzen und Waschen. Das wenige Geld, das sie dabei verdiente, brauchte sie für das Malen ihrer Bilder. Séraphine ließ sich weder aufhalten noch blockieren von den schwierigen äußeren Umständen, sondern schaffte sich in ihrer einfachen kleinen Dachkammer einen großen Raum, in dem sie bis zu zwei Meter große Bilder malte, meistens in der Nacht. Die Natur war ihr Kraftort, weil sie den Bäumen, den Wiesen, dem Wasser, den Vögeln dialogisch begegnete. So blieb sie nicht stecken in dem, was sie nicht hatte, sondern erweiterte ihren Handlungsspielraum mit dem wenigen, das ihr zur Verfügung stand. Sie schöpfte auch Vertrauen aus ihrem eigenwilligen Dialog mit den Heiligen in der Dorfkirche. Einige Monate ihres Lebens erlebte sie dank der Entdeckung durch den Kunstsammler Wilhelm Ude eine Resonanz auf ihre Bilder. Dieser kurze Höhenflug führte danach jedoch zu einem Absturz, den sie psychisch nicht verkraftete. Bis zu ihrem Tod lebte sie unansprechbar in einer psychiatrischen Klinik in ihrer eigenen Welt.

Die belgische Schauspielerin Yolande Moreau (* 1953), die oft in kleinen Nebenrollen zu sehen ist, spielt in diesem Film ihre erste Hauptrolle mit einer großen Intensität und Natürlichkeit, sodass es niemanden wunderte, als sie 2009 den César als beste Hauptdarstellerin erhielt. Ich blühe richtig auf, wenn sich eine Filmgeschichte im konkreten Leben einer Schauspielerin verwirklicht. Ich kann mich tagelang riesig mitfreuen und werde motiviert, in meinem Leben noch achtsamer all das hervorzuheben, was mir gerade auch in Krisenzeiten an neuer Lebensqualität geschenkt wurde. Die Bilder von Séraphine de Senlis sind heute in Museen in Paris und Nizza zu sehen. Sie veranschaulichen jene tiefe Lebensweisheit, die dazu aufruft, nie aufzugeben im Leben, weil wir immer wieder klein anfangen können. So ereignet sich Versöhnung als Lebenskraft, die ansteckend wirkt.

80 Minuten Glück

»80 Minuten Glück« nennt der kritische, junge Züricher Journalist Pascal Blum den kleinen polnischen Film »Ida« (2013). »Ein wunderbar stiller, konzentrierter Film« lässt sich darüber in der »Zeit« lesen. Der polnischen Regisseur Pawel Pawlikowski (* 1957) schenkt uns mit diesem Film in der Tat eine Perle, in dem die Reduktion auf das Wesentliche intensiv entfaltet wird. Polen 1962. Anna, eine 18-jährige Frau, die als Waise in dem Kloster aufgewachsen ist, in das sie nun als Nonne eintreten möchte, wird zu ihrem großen Erstaunen von der Äbtissin aufgefordert, vor dem Eintritt ihre letzte verbleibende Verwandte, ihre Tante Wanda, zu besuchen. Anna willigt ungern ein. Der Grund, warum die Äbtissin sie dazu drängt: Sie weiß, dass Anna eigentlich Ida heißt und aus einer jüdischen Familie stammt. Sie ist überzeugt, dass Anna im Kloster nur bestehen kann, wenn sie um ihre Wurzeln und um die schwierige Vergangenheit ihrer Familie weiß. Ihre mondäne Tante konfrontiert sie und sich selbst schonungslos mit der schmerzvollen Vergangenheit.

Die einfachen, höchst intensiven Schwarzweißbilder strahlen eine unglaubliche Lebenskraft aus. Das ganz Einfache, Unscheinbare, Alltägliche erhält einen Glanz, der von der Kraft der Ewigkeit erzählt. Wie beglückend für mich, dass sich dieser Film, der anfangs nur ein Geheimtipp war, durch eine wachsende Mund-zu-Mund-Propaganda einige Wochen in den Programmkinos halten konnte. Ganz unterschiedliche Personen, junge und alte, sprachen mich auf diesen Film an, oft mit dem Worten: »Ich bin so berührt, dass ich gar nichts sagen kann.« Es freute mich sehr, als ich am 13. Dezember 2014 erfuhr, dass dieser Film in Riga die größte Auszeichnung des europäischen Kinos, den Europäischen Filmpreis 2014, erhalten hat. Zudem bekam er Preise für die beste Regie, das beste Drehbuch und die beste Kamera. Perplex waren dann alle, auch der Regisseur Pawel Pawlikowski, als der Film auch noch den Publikumspreis erhielt und Ende

Februar 2015 sogar den Oscar für den besten ausländischen Film.

In diesem Film wird die Begegnung zweier gänzlich unterschiedlichen Frauen thematisiert und damit auch die anspruchsvolle Gratwanderung, die ein Gang in die Vergangenheit sein kann. Die Tante zerbricht am Ende an ihrem Schmerz, und die jüngere Ida kann daran reifen und wachsen. Für sie wird eine Versöhnung mit dem Leben möglich, indem das Schmerzvolle nochmals bewusst angeschaut und durchlitten wird. Hoffnung und Vertrauen stiftet dieser Film.

Ich kann mir rational nicht erklären, weshalb er mit so einfachen Bildern so Verschiedenes in mir auslösen kann, was mich tief dankbar für das Leben, für mein Leben werden lässt. Ich brauche auch keine Erklärung, ich genieße einfach diese Erfahrung. Im Film kommen mir immer wieder in langsamem Tempo sehr lange Wegstücke entgegen, die zum Sinnbild einer Reise zu mir selbst werden. Das erinnert mich an die Worte von Dag Hammarskjöld: »Die längste Reise ist die Reise nach innen.« Sie sind mir eine starke Ermutigung, Ja zu sagen zu meinem Weg, um auf verschlungenen Wegen eine Gradlinigkeit zu entdecken. Diese Dankbarkeit verdichtet sich auch in den kurzen Begegnungen von Ida mit dem Saxophonisten Lis, wenn er die Musik von John Coltrane spielt. Dieser Film schenkt mir eine befreiende Langatmigkeit. Seine Schwarzweißbilder kann ich anschauen, als ob ich achtsam in einem eindrücklichen Fotoband blätterte. Darum wir-

ken diese Bilder als Versöhnungsbilder so kraftvoll in mir
nach …

Im Innersten berührt
dank der Kostbarkeit
der eigenen Lebendigkeit
die Weite und Tiefe schenkt

Kraftvoll-zerbrechlich
ganz werden können
Einmaligkeit erfahren
Begrenztheit annehmen

Himmelsleiter
hinaufsteigen
zum höchsten Grund
meiner Tiefe

Im Innersten bewegt
dank der göttlichen Spur
die sich ereignet
geheimnisvoll-nah

Es ist nie zu spät

»Manchmal feiern wir schon am Morgen ein Fest der Auferstehung. Ängste werden aufgeweicht und ein Vertrauen ist da«, das waren die Worte, die ich als Einstimmung zum Frühstück beim Schweigeseminar in Oberzell/Würzburg ausgesprochen habe, inspiriert von einem Gedicht von Marie-Luise Kaschnitz. Am Ende der Schweigezeit haben mich einige Teilnehmende auf diese wenigen Worte angesprochen. Sie hätten so befreiend auf sie gewirkt, weil Ängste sein dürfen und zugleich aufgeweicht werden können. Immer wieder geht es ein Leben lang um diese zutiefst spirituelle Grundhaltung: achtsam wahrnehmen, was ist, und sich vertrauensvoll daran erinnern, mehr zu sein als das Wahrgenommene. Diese Spur kann verhärtete Seiten in uns auflockern und schwere Fehler zum Teil wiedergutmachen. Eine solche Versöhnungskraft findet sich auch in dem dramatischen Film »Drachenläufer« (2008) des deutsch-schweizerischen Regisseurs Marc Forster (* 1969). Er selbst hat in seiner Familie schwere Schicksalsschläge erfahren und dennoch ist es ihm gelungen, sich in Hollywood einen Namen zu machen. Nun verfilmte er den gleichnamigen Bestsellerroman von Khaled Hosseini mit Kraft und Mitgefühl.

Die Geschichte: Die beiden Jungs Amir und Hassan sind in Kabul unzertrennliche Freunde. Sie lieben es leidenschaftlich, Drachen steigen zu lassen. Als Hassan von einem älteren Jungen vergewaltigt wird, schaut Amir ohnmächtig-feige zu. Diese Schuld kann er sich nicht vergeben, und er begeht daher einen zweiten Fehler, der zur endgültigen Trennung der beiden Freunde führt. Amir flüchtet mit seinem alleinerziehenden Vater 1979 während der sowjetischen Invasion in Afghanistan nach Amerika. Seine Schuld nimmt er überall hin mit, wohin er auch geht. Als jung verheirateter Mann, der sich riesig über das Erscheinen seines ersten Romanes freuen kann, holt ihn die Vergangenheit wieder ein. Rahim Khan, ein Freund seines verstorbenen Vaters, der ihn schon als kleiner Junge zum Schreiben motiviert hat, ruft ihn an und bittet ihn, nach Pakistan zu kommen. Amir hat ihm sein erstes Buch gewidmet mit den Worten »Für Rahim Khan, der meinen Geschichten zuhörte, bevor ich überhaupt wusste, wie man welche schreibt«. Nun fordert er ihn heraus, nochmals nach Kabul zu fahren, um Unrecht wiedergutzumachen, trotz der schrecklichen Herrschaft der Taliban. Amirs Angst verwandelt sich in Zivilcourage. Er steht auf und ein für Gerechtigkeit und kann am Ende wenigstens den Sohn seines bereits verstorbenen Freundes Hassan retten.

Die beiden jungen Laienschauspieler, die Hassan und Amir als Kinder darstellen, standen in diesem Film erstmals vor der Kamera. Marc Forster schafft ihnen einen weiten Raum, in dem sie über sich selbst hinauswachsen können. Sein Film ist packend und berührend. Er zeigt Unrecht schonungslos auf, und zugleich ist der Film ein großes Plädoyer für eine Versöhnung mit dem Leben. Seine Botschaft: Es ist nie zu spät, sich zu entschuldigen.

176

Ein Versuch der Wiedergutmachung ist auch viele Jahre später noch eine heilende Chance für Opfer und Täter. Marc Forster versteht seinen Film als Aufruf, dass Menschen im Namen der Liebe aufstehen und füreinander eintreten. Er meint: »Wenn wir nicht jetzt, im 21. Jahrhundert, verstehen, dass alle Menschen eine tiefe Verbindung miteinander besitzen, werden wir der Selbstvernichtung entgegengehen.«

Diese tiefere Verbundenheit, die sich auch in einem Gefühl der Zeitlosigkeit ausdrücken kann, entdecke ich in diesem Film. Nicht nur, weil Amir darum kämpft, als Autor anerkannt zu werden, nicht zuletzt von seinem Vater, sondern auch, weil er den Mut hat, sich in eine schwierige politische Situation hineinzubegeben. Ein Engagement, das ihm abverlangt, zu seiner tiefen Schuld zu stehen, um sich selbst vergeben zu können. Viele berührende Momente, in denen ich in diesem spannenden Film voll aufgehe, sind Ausdruck meiner tiefen Sehnsucht, auch im Schweren getragen zu sein. Diese Momente finden sich auch in der Handlung des Films wieder: Als Amir 1979 mit seinem Vater nach Amerika flüchtet und aus Angst nicht einschlafen kann, empfiehlt ihm sein Vater, ein Gedicht des islamischen Mystikers Rumi (1207–1273) aus der Erinnerung laut aufzusagen:

»Wenn wir einschlafen, sind wir Seine Schlummernden,
wenn wir erwachen, sind wir in Seinen Händen.
Wenn wir weinen, sind wir Seine Regenwolke,
wenn wir lachen, dann sind wir Seine Blitze.
Wenn wir zornig sind und streiten, zeigt sich in uns Sein
Zorn;
versöhnen wir uns und vergeben wir, zeigt sich darin Seine
Liebe.
Wer sind wir in dieser komplizierten Welt?«

Amir spricht die Worte dieses wunderschönen Gedichts
auswendig. Mitten in einer bedrohenden Situation entsteht ein Moment der Sammlung. Dieser Moment weckt
die innere Vertrauenskraft, die es später dem Vater ermöglicht, auf- und einzustehen für eine schwangere Frau, die
von einem russischen Soldaten bedroht wird. Versöhnung
mit dem Leben wird uns geschenkt, wenn wir im Besonderen in schwierigen Situationen, in denen wir reflexartig nur
außer uns sein könnten, achtsam in uns gehen, um uns
daran zu erinnern, dass sich uns unerwartete Lösungen in
scheinbar ausweglosen Stunden auftun können.

Humor stiftet Versöhnung

Sieben Lebensthemen oder Schritte entfalte ich in diesem Buch als Ermutigung, noch mehr seinem unerschöpflichen Wachstumspotenzial zu vertrauen, das jeder von uns in sich trägt. Diese Schritte fordern eine achtsame Entschiedenheit, ein Wohlwollen und eine klare Bestimmtheit. Zugleich empfehle ich sehr, nicht zu viel Druck auf sich selbst auszuüben. Es ist wichtig, etwas zu tun, obwohl wir Wesentliches nie »machen« im Sinn von herstellen können. Der Humor kann in uns diese gesunde Balance fördern. Er weicht die Härte der Verkrampfungen auf. Wer krampfhaft sich und andere ändern will, der steht sich selbst im Weg. Was die Kraft des Humors bewirken kann und wie sie versöhnend wirkt, zeigt sich im Film »Down by Law« (1986) des amerikanischen Regisseurs Jim Jarmusch (* 1953). Dieser Kultfilm wird auch von jüngeren Kinoliebhabern immer wieder neu entdeckt. Die Geschichte: Zwei Männer, Zack und Jack, sitzen apathisch in einer Gefängniszelle und schlagen die Zeit tot. Dann wird ein dritter Mann in diese kleine Zelle gesperrt, der Italiener Roberto – hervorragend gespielt von Roberto Benigni, der als Regisseur des Films »Das Leben ist schön« (1997) die subversive Widerstandskraft des Humors in Auschwitz gezeigt hat.

Roberto, genannt Bob, lässt sich in der Zelle von der lähmenden Ohnmacht der anderen beiden nicht anstecken. Er versucht kreativ-beharrlich, eine hoffnungsvolle Aussicht in diese Enge hineinzubringen. So malt er als Erstes ein Fenster an die Wand. Ganz banal, jedoch vielversprechend! Er konfrontiert die beiden Mitgefangenen mit seinem Sprüchen: »Wenn Blicke töten könnten, bin ich jetzt gleich tot.« Dreißig Minuten dauert diese Szene in der Zelle, die Kamera bewegt sich kaum. Stattdessen bewegt sich durch skurrile Gesten und Einfälle so viel, dass ich diese Szene so spannend finde und jedesmal laut lachen muss, obwohl ich sie mir sicher schon zehnmal angeschaut habe. Bob geht es um viel mehr als um ein paar Witze. In ihm sträubt sich alles dagegen, sich vom Meckern und Nörgeln der anderen beiden lähmen zu lassen. Er kann sie am Ende sogar zur gemeinsamen Flucht bewegen, wofür sie ihm jedoch kaum danken, weil sie so gekrümmt in sich selbst sind. Bob findet immer neue witzige Auswege aus ihrer Unzufriedenheit. Darum mag ich diesen Film, weil die drei Figuren jene Seiten in uns ans Licht holen, die uns in der Auseinandersetzung mit Stolpersteinen auf unserem Weg begegnen können. Tom Waits spielt nicht nur zusammen mit John Lurie gekonnt diese lähmende Seite des Lebens, sondern seine Filmmusik wird zudem noch zur Ermutigung, aus einem inneren und äußeren Gefangensein auszubrechen. »Down by Law« heißt wörtlich »unterdrückt durchs Gesetz«, als Slangausdruck meint er etwas ganz anderes: »Alles im Griff«. Zu diesem Perspektivenwechsel ruft dieser humorvoll-tiefsinnige Film auf. Wir werden alles im Griff haben, wenn wir die Kontrolle aufgeben und uns gehen lassen!

Im Zweifel
Da ich nicht
glauben kann
einfach so
will
ich zweifeln
aber auch
an meinen
Zweifeln
zweifeln
bis in den
Glauben
hinein

Alexander Jehle

Letztlich geht es darum, ein »Schubladendenken« aufzu-
brechen – und das ist auch die Absicht des Schweizer Films
»Der Kreis« (2014) von Stefan Haupt (* 1961). In seinem
preisgekrönten Streifen verbindet er zwei Genres miteinander: den Dokumentar- und den Spielfilm. In beiden
Teilen, die nahtlos und überzeugend ineinandergleiten,
geht es um die Liebe zwischen Ernst Ostertag und Röbi
Rapp, die seit 60 Jahren ein Paar sind. Die beiden Männer
haben sich in den 50er-Jahren in der »schwulen Selbst-
hilfeorganisation« *Der Kreis* in Zürich kennengelernt und
lieben gelernt. Die internationale Zeitschrift »Der Kreis –
Le Cercle – The Circle« ermutigte schwule Männer zum
aufrechten Gang, und das in einer Zeit, in der Homosexua-

lität in vielen Ländern noch strafbar war. 2003 konnten die beiden als erstes Männerpaar ihre eingetragene Partnerschaft auf dem Standesamt in Zürich feiern.

Im dokumentarischen Teil des Films erzählen die beiden 84-jährigen Männer von ihrem langen Widerstandskampf. Sie strahlen eine kämpferische Gelassenheit aus, die offenlegt, dass es immer »um die Liebe geht«. Dieser Kampf um die menschliche Würde wird im Spielfilmteil vertieft, in dem junge Schauspieler die aufwühlende Geschichte der beiden nachspielen. Sie erinnern uns daran, dass es eine Macht der Ohnmächtigen gibt. All die ehrenamtlichen Engagierten in der Selbsthilfegruppe zeigen auf, was für eine Kraft entsteht, wenn die Resignation durch Solidarität entschärft wird. Wenn der junge Ernst zu Röbi sagt: »Wir sind doch keine Verbrecher!«, dann wird die ganze Brisanz dieser Thematik in wenigen Worten bewusst, weil in vielen Ländern erschreckenderweise noch heute eine gleichgeschlechtliche Liebe diskriminiert und verfolgt wird. Der Film ist eine Hymne an die Menschlichkeit und zugleich ein Tatbeweis, dass Versöhnung mit dem Leben möglich ist, auch wenn noch vieles unerreicht bleibt.

Nase hoch

Versöhnung wird uns geschenkt, wenn wir alltäglich einüben, unserer Intuition zu vertrauen. Im eindrücklichen
Dokumentarfilm »Die Frau mit den fünf Elefanten«
(2009) von Vadim Jendreyko kann ich eine Lebensschule
der Intuition betreten. Ich begegne darin Swetlana Geier
(1923–2010), eine der bedeutendsten Übersetzerinnen
russischer Literatur. Mit einer außerordentlichen Begabung hat sie während 20 Jahren die fünf Hauptwerke von
Fjodor Dostojewskij übersetzt, die sie liebevoll ihre »fünf
Elefanten« nennt.

»Meine Lehrerin hat immer gesagt: ›Nase hoch beim
Übersetzen.‹ Das heißt, man übersetzt nicht von links nach
rechts, wie eine Raupe kriecht, sondern nachdem man sich
den Satz angeeignet hat. Er muss nach innen genommen,
ans Herz gelegt werden. Ich lese das Buch so oft, bis die
Seiten Löcher kriegen. Im Grunde kann ich es auswendig.
Dann kommt der Tag, an dem ich plötzlich die Melodie des
Textes höre.« Wenn ich diese Worte von Swetlana Geier
lese, läuft es mir jedes Mal wohltuend warm den Rücken
hinunter. In meine Kraft hineinzugehen, bewegt mich zum
inwendig Lernen. Ich eigne mir an, was zutiefst zu mir
gehört. Ich tue viel und ich warte lange. Darum ist dieser
Film, in dem es nicht explizit um einen spirituellen Weg
geht, eine wunderbare Hinführung zu einem spirituellen
Versöhnungsweg. Swetlana Geier lässt sich vom Regisseur
begleiten: durch ihren Alltag in Freiburg im Breisgau,

durch ihre inspirierende Grundhaltung des Übersetzens und durch ihre Reise an die Orte ihrer Kindheit in der Ukraine, die sie mit 85 Jahren zum ersten Mal seit dem Zweiten Weltkrieg besucht. Dieser Gang durch ihr Leben, diese wohltuende Langsamkeit lässt mich eine spirituelle Perle nach der anderen entdecken. Immer geht es um die Bestärkung, seiner Intuition kraftvoll zu vertrauen, auch wenn der Gegenwind der Kritik uns entgegenkommt. Als sie in der Ukraine eine Schulklasse besucht, sagt Swetlana Geier zu den Jugendlichen: »Ich wünsche euch, dass ihr den Mut habt, eurer inneren Stimme zu folgen. Sogar, wenn das heißt, gegen die vorherrschende Meinung zu handeln.«

Dieser Film strahlt Lebenskraft aus. Es ist für mich eine Wohltat, dass immer mehr Dokumentarfilme in den Kinos zu sehen sind. Sie erzählen von einem Bewusstseinswandel. Von der Widerstandskraft, sich nicht mehr weiterhin von einer Fülle von Bildern erschlagen zu lassen, sondern durch die Langsamkeit der Bilder zu seinen inneren Vertrauensbildern geführt zu werden, die in unserer göttlichen Kraftquelle lebendig bleiben.

Unaufhaltsam
sich vom Ungewissen begleiten lassen
neue Dimensionen erkennen
die sich unserer Kontrolle entziehen

Nachtwärts
erleuchtet im Unbegreiflichen
erkannt im Unerklärlichen
gesehen im Unsichtbaren

Die Tiefe der Nacht
als göttliche Spur erahnen
Schatten und Licht
als Tor zur Ganzheit

Momente der Versöhnung

An durchkreuzten Lebensplänen wachsen und reifen zu können, heißt meine größte Hoffnungskraft. Ich kenne leider viele, die am Schweren zerbrochen sind. Diese Wirklichkeit erfüllt mich mit Trauer und Wut. Zugleich lässt sie mich noch entschiedener mein Möglichstes tun, um mich und andere zu stärken im Vertrauen auf unerkannte Wachstumschancen. Dies entdecke ich im Film »Vincent will Meer« (2010) von Florian David Fitz: ein berührendes, unbeschwertes Road-Movie, das mich zum Lachen und Weinen bringt. Die Geschichte: Drei junge Menschen brechen aus einer Klinik aus: Vincent, der am Tourette-Syndrom leidet, die magersüchtige Marie und Alexander, der neurotisch keinen Schmutz verträgt. Sie machen sich auf zum Meer, wo Vincent die Asche seiner verstorbenen Mutter verstreuen will. Irgendwann steigen sie auf ihrer Lebensreise auf einen Berggipfel. Dort bleiben sie nicht unter dem Bergkreuz stehen, sondern sie wachsen mit ihrer Behinderung über sich selbst hinaus und setzen sich auf die Horizontale des Kreuzes. Ein starkes Bild, das verdichtet, was sich als Botschaft durch den ganzen Film zieht: Die einmalige Würde eines Menschen ist unantastbar. Auch mit schweren Einschränkungen ist es möglich, ein Ja der Versöhnung mit dem eigenen Leben zu erfahren. Nicht ein für alle Mal, sondern jeden Tag neu, anders, mehr oder weniger.

Florian David Fitz (* 1974) hat das Drehbuch zu diesem Film geschrieben, was sein großartiges Spiel als Hauptdarsteller bereichert. Der Film kann auch junge Menschen begeistern, weil er Komik und Mitgefühl entfaltet und eine ermutigende Lebenskraft ausstrahlt. Die drei Ausreißer prallen aufeinander, schonen sich nicht und kommen sich dadurch immer näher. Als Marie wegen ihrer lebensbedrohenden Unterernährung ins Krankenhaus gebracht wird und dort Vincent bittet, sie rauszuholen und mit ihr abzuhauen, sagt Vincent: »Ich kann dich nicht retten ...« Diese wenigen harten Worte sind Ausdruck einer großen Lebensweisheit, die zu einer echten Versöhnung mit dem Leben gehört. Im Bonus-Material zum Film sagt Florian

David Fitz zu dieser Schlüsselszene: »Wie unglaublich schwer ist es, wenn du einem Menschen, den du liebst, nicht helfen kannst. Zuerst versucht man zu helfen, helfen, helfen und es entsteht eine Co-Abhängigkeit. Und erst ab dem Zeitpunkt, wo du sagst: ›Pass auf, es ist dein Leben, du musst selbst aufstehen, so sehr ich dich liebe‹, kann etwas geschehen. Ich muss riskieren, dass ich dich verliere, und erst in diesem Moment geht irgendetwas. Es ist eine ganz grausame und simple Wahrheit im Leben, das Erwachsenste, was ein Mensch tun kann: dass er das, was er liebt, bereit ist aufzugeben. Das Helfen-Wollen ist nicht immer das Beste. Ich gehe jetzt einen Schritt zurück, und wenn du den ersten Schritt gehst, bin ich da!«

Damit bringt er schmerzhaft-hoffnungsvoll auf den Punkt, was ich selbst mühsam lernen musste in meinem Leben. Ich kann einen anderen nicht retten, solange er nicht selbst bereit ist, aus der Opferrolle auszusteigen. Ich kann niemandem helfen, der nicht wirklich bereit ist, Hilfe anzunehmen. Dies gehört zum Schwierigsten, was wir erleben können. Zusehen zu müssen, wie jemand seine Gesundheit ruiniert, oder mit der paradoxen Einsicht zu ringen, dass man warten muss, bis der Leidensdruck noch größer wird, obwohl es in der eigenen Wahrnehmung schon mehr als schlimm ist.

In dieser harten Zeit auf einem Versöhnungsweg ist es notwendig, sich selbst Unterstützung zu holen, um sich nicht in einer Co-Abhängigkeit zu verlieren. Darum wird in diesem Film, der sich zwischen Klamauk und tiefsinnigen Lebensweisheiten bewegt, aufgezeigt, dass auch die Therapeutin und Vincents Vater nur wirklich helfen können, wenn sie ihr eigenes Verhalten schonungslos reflektieren. Nur so wird eine echte Versöhnung zwischen Vater und Sohn möglich, die im Film ganz subtil angedeutet wird, was mir Mut macht.

Auch der katalanischen Regisseurin Isabel Coixet (* 1960) gelingt es in ihren Filmen, ernsthafte Themen mit Tiefgang und Leichtigkeit zur Sprache zu bringen. Mit ihrem Film »Mein Leben ohne mich« (2003) gelang ihr bei der Berlinale der internationale Durchbruch. Er entwickelt die ungewöhnliche Geschichte der jungen Ann, die erfährt, dass sie aufgrund eines Tumors nur noch wenige Monate leben wird. Durch diesen Schock bricht ihr Leben, brechen wesentliche Lebensfragen auf: Was ist mir wirklich wichtig? Heute schon gelebt? Was bleibt von mir? Zu meinem großen Erstaunen bringt es Ann fertig, ihrem Mann und ihren Kindern nicht von ihrer tödlichen Krankheit zu erzählen. Der Film will eine andere Perspektive aufzeigen: die uralte spirituelle Lebensweisheit, noch entschiedener im Hier und Jetzt zu leben. Die Verabredung mit dem Leben und seinen Träumen nicht mehr auf später zu vertagen, sondern sie jetzt zu leben. Auch dieser Film, in dem Lachen und Weinen einander die Hand geben, zeigt auf, dass in unglaublich schweren Zeiten Momente der Versöhnung mit dem, was jetzt ist, möglich sind. Nicht als Dauerzustand, sondern auf einer Achterbahn der Gefühle. Die Regisseurin sagt selbst dazu: »Ich denke schon seit meiner Kindheit über meinen eigenen Tod nach. Das ist ein Mysterium, über das man kaum redet, als würde es nicht existieren. Wir leben unser Leben, ohne daran zu denken, dass es eines Tages vorbei ist. Wenn ich wie Ann kurz vor dem Sterben wäre, dann würde ich an meine Tochter denken und mir überlegen, was ich für sie noch tun kann, damit sie ein schönes Leben hat. Und dann wollte ich schon immer eine lustige Beerdigung haben, eine große Party, auf der lustige Todesszenen aus komischen Filmen gezeigt werden.«

Ann nimmt im Film für ihre Kinder vieles auf Tonband auf. So können sie Jahr für Jahr bis zu ihrem Erwachsenwerden an ihren Geburtstagen die Stimme der verstorbenen Mutter hören. Eine bewegende Idee, die aufzeigt, wie der Dialog mit den Verstorbenen weitergehen kann. Wir können uns öffnen für diese Wirklichkeit, wenn wir den Tod in unser Leben hineinholen als Versöhnungszeichen mit unserem vollen und begrenzten Leben.

Neu dem Leben trauen

Neu dem Leben trauen
im Abstandnehmen
von Alltäglichem,
im ersehnten Einkehren
bei mir.

Neu dem Leben trauen
im Durchwandern
von Durststrecken,
im Aushalten
von Leere und Kälte.

Neu dem Leben trauen
im Erwachen
von ungeahnten Kräften,
im Berührt-Werden
von der Quelle des Seins.

Neu dem Leben trauen
im Aufbrechen
mit gelösteren Schritten,
im Hinaustragen von dem,
was mich bewegt.
Ursula Würth-Stutz

»Kraftübungen« für den Alltag

▪ Würdigen, was schon da ist: Ich nehme mir einmal pro Monat einen Abend Zeit, um aufzuschreiben, was alles schon da ist in meinem Leben, was mir geschenkt ist und was ich erarbeitet habe. Danach lese ich das Aufgeschriebene einem lieben Menschen vor.

▪ Über Versöhnung nachdenken: Ich überlege mir: Mit wem möchte ich mich versöhnen? Von wem wünsche ich mir Schritte zu Versöhnung? Diesen Herzenswunsch nehme ich die kommende Zeit mit hinein in mein Leben. Einmal pro Woche zünde ich bewusst eine Versöhnungskerze an, als Ausdruck meines Vertrauens, dass sich Hartes unerwartet aufweichen kann.

▪ Wiedergutmachung: Ich frage mich: Wen wollte ich schon lange um eine Entschuldigung bitten? Auch, wenn es viele Jahre her ist – es ist nie zu spät, um einen Fehler einzugestehen. Zugleich frage ich mich, wie allenfalls finanziell und/oder ideell eine Wiedergutmachung möglich ist.

■ Mir selbst verzeihen: Sich selbst zu verzeihen kann manchmal schwerer sein, als anderen zu verzeihen. Das Anzünden einer Kerze an einem Ort der Stille oder in einer Kirche kann zu einer Geste des Verzeihens werde: Ich zünde eine Kerze für mich an und verweile eine längere Zeit vor dieser brennenden Kerze mit dem Wunsch, auch mir verzeihen zu können.

■ Meine Meditationszeit als Friedensbeitrag sehen: Ich erinnere mich und andere immer wieder daran, dass ich nicht nur durch mein Tun den Frieden auf der Welt fördern kann, sondern auch durch meine Meditationszeiten. Die politische Kraft der Stille wird weltweit erfahrbar, wenn ich zum Beispiel:

– zu Hause schweige für den Frieden,
– langsam und achtsam gehe,
– in einer Gruppe in einer Einkaufsmeile schweigend einstehe für den Frieden.

Nachklang

Eine Begegnung mit dem Lausanner Regisseur Lionel Baier

In diesem Buch zeige ich auf, dass es wesentlich zu unserer Lebensaufgabe gehört, unseren ureigenen Weg zu wagen, um an einer Welt mitzugestalten, die gerechter und zärtlicher werden kann. In sieben Grundhaltungen entfalte ich, was sich im Dialog mit vielfältigen spirituellen Lebensentwürfen und aufgrund meiner eigenen Lebenserfahrung herauskristallisiert. Beim Schreiben ist mir selbst noch klarer geworden, wie auffällig die Verbindungen von inspirierenden Filmgeschichten mit uralten Lebensweisheiten sind. Diese Erkenntnis wollte ich im Gespräch mit einem jungen Filmemacher vertiefen. Ich fragte Lionel Baier (* 1975) in Lausanne an, den ich bisher nur durch das Anschauen seiner originellen Filme kannte (siehe auch Seite 151–152), ob er Zeit und Lust hätte, mir im Gespräch mitzuteilen, was es für ihn bedeutet, Filmregisseur zu sein. Zum Glück sagte er zu. Mit Begeisterung und Nachdenklichkeit erzählt er mir von seinem inneren Feuer, seinem *feu sacré*, das sich bei ihm schon als Neunjähriger entfachte: Als seine Mutter ihm erzählte, dass in den Hitchcock-Filmen der Regisseur einen kurzen Moment auftauchte, war für ihn klar, dass er auch ein

Filmemacher werden wollte! Kino bedeutet ihm sehr viel im Leben:

»Das Kino ist eine Möglichkeit, über das hinauszuwachsen, was das Leben für uns vorgesehen hat. Ich hasse den Ausdruck ›C'est la vie!‹ Das Leben ist dazu da, um verwandelt zu werden. Kino verwandelt das Leben die ganze Zeit ... Mein Kino soll keine Illustration des Lebens sein, sondern ein Ort, an dem das Leben ver-setzt, ver-rückt wird. Darum ist es wichtig, dass das Drehbuch uns an einen Ort führt, den wir noch nicht kennen ... Während der Dreharbeiten lebe ich voll und ganz auf. Vorher braucht es eine intensive und seriöse Vorarbeit. Es kostet mich immer wieder Mut, zwei bis drei Millionen Franken zusammenzubringen, damit ich das ausdrücken kann, was schon in mir ist und was ich anderen mitteilen möchte. Während der Dreharbeiten habe ich kein Zeitgefühl mehr, ich bin außerhalb der Zeit. Ich bin hochkonzentriert und achte auf alles, auf jedes Detail, dann nehme ich mich ganz zurück, vergesse ich mich, damit die Schauspielerinnen und Schauspieler, die Filmszenen ihren ganzen Raum erhalten. Ich bereite viel vor, damit ich mich während den Dreharbeiten wie auflösen kann ... Dann bin ich nur noch wie ein Schwamm, der alles aufnimmt, was sich ereignet. Ich bin voll präsent und ganz weg ...

Filme machen heißt für mich, verbunden zu sein mit den anderen, mit der ganzen Welt. Meine Filme sollen etwas aufzeigen, was schon in uns präsent ist. Dazu braucht es den Mut zur Leere, zur Reduktion, zur Vereinfachung, zur Langsamkeit, damit die Fülle aufscheinen kann.

Ich habe keine Lust, einen vorgegebenen Weg zu gehen. Als Mensch ist es meine Aufgabe, Wege zu gehen, die quer sind. So kann ich kämpfen gegen die Widerwärtigkeiten des Lebens, gegen eine Form von vorgegebenem Schicksal.

Wenn ein Film beendet ist, dann kann ich mein Vertrauen verlieren, ich fühle mich dann sehr zerbrechlich und zweifle daran, ob ich weiterhin Filme machen will. Dann ist es höchste Zeit, einen neues Filmprojekt zu starten ...«

Die Begegnung mit Lionel Baier ist für mich nach einem intensiven Schreibprozess eine unerwartete Sternstunde. Er verdichtet das Kernanliegen dieses Buches, ohne meine Worte zu kennen: andere zu ermutigen, selbstbewusst und selbstvergessen schöpferisch seinen eigenen Weg in Gemeinschaft zu gehen.

Erwähnte Filme (alle sind im Handel als DVD erhältlich)

Amarcord (1973) von Frederico Fellini

Amour – Liebe (2012) von Michael Hanecke

Bamako (2006) von Abderrahmane Sissako

Beijing Bicycle (2001) von Wang Xiaoshuai

Birdwatchers – Das Land der roten Menschen (2008) von Marco Bechis

Boyhood (2014) von Richard Linklater

Bright Star (2009) von Jane Campion

Dekalog (1988–1989), zehn Filme von Krzysztof Kieslowski

Down by Law (1986) von Jim Jarmusch

Eine Perle Ewigkeit (2009) von Claudia Llosa

Das erste Evangelium nach Matthäus (1964) von Pier Paolo Pasolini

Das Mädchen Wadjda (2012) von Haifaa Al Mansour

Der Club der toten Dichter (1989) von Peter Weir

Der Kreis (2014) von Stefan Haupt

Die bleierne Zeit (1981) von Margarethe von Trotta

Die fabelhafte Welt der Amélie Poulain (2001) von Jean-
Pierre Jeunet

Die Frau mit den fünf Elefanten (2009) von Vadim
Jendryko

Die Herbstzeitlosen (2006) von Bettina Oberli

Die Wand (2012) von Julian Pölsler

Die Spitzenklöpplerin – La Dentellière« (1977) von
Claude Goretta

Die zwei Leben der Veronika (1991) von Krzysztof
Kieslowski

Drachenläufer – The Kite Runner (2007) von Marc
Forster

Drei Farben: – Blau (1993), Weiß (1994), Rot (1994) von
Krzysztof Kieslowski

Fanny und Alexander (1982) von Ingmar Bergman

Fahrraddiebe (1948) von Vittorio de Sica

Finding Forrester (2000) von Gus van Sant

Freier Fall (2013) von Stephan Lacant

Good Will Hunting (1998) von Gus van Sant

Grand Budapest Hotel (2014) von Wes Anderson

Hannah Arendt (2012) von Margarethe von Trotta

Hunger (2008) von Steve McQueen

Ida (2014) von Pawel Pawlikowski

In einer besseren Welt (2010) von Susanne Bier

Jimmy's Hall (2014) von Ken Loach

Kes (1989) von Ken Loach

Kirschblüten – Hanami (2008) von Doris Dörrie

Le Havre (2012) von Aki Kaurismäki

Mein Leben ohne mich (2003) Isabel Coixet

Mr. May und das Flüstern der Ewigkeit – Still Live (2013)
  von Uberto Pasolini

My Private Idaho (1991) von Gus van Sant

Nach der Hochzeit (2007) von Susanne Bier

Nokan – Die Kunst des Ausklangs (2008) von Yojiro
  Takita

Philomena (2014) von Stephen Fears

Pina – tanzt, tanzt, sonst sind wir verloren (2011) von
  Wim Wenders

Reise zur Sonne (1999) von Yesim Ustaoglu

Rosa Luxemburg (1986) von Margarethe von Trotta

Schindlers Liste (1993) von Steven Spielberg

Séraphine (2008) von Martin Provost

Shame (2011) von Steve McQueen

The Hours – Von Ewigkeit zu Ewigkeit (2002) von
Stephen Daldry

The Kid (1921) von Charlie Chaplin

Timbuktu (2014) von Abderrahmane Sissako

12 years a slave (2013) von Steve McQueen

Un autre homme (2008) von Lionel Baier

Und dann der Regen – También la Lluvia (2010) von Iciar
Bollain

Vergiss mein nicht (2012) von David Sieveking

Vincent will Meer (2010) von Ralf Huettner

Vision – aus dem Leben von Hildegard von Bingen
(2009) von Margarethe von Trotta

Vitus (2006) von Fredi M. Murer

Von Menschen und Göttern – Des hommes et des dieux
(2010) von Xavier Beauvois

Winnetous Tod (1965) von Harald Reinl

Winterdieb – L'enfant d'en haut (2012) von Ursula Meier

Ziemlich beste Freunde – Les intouchables (2011) von
Eric Toledano und Olivier Nakache

Zur Sache, Schätzchen (1968) von Maya Spils

Viele hervorragende Filme konnte ich in diesem Buch nicht aufnehmen.

In meinem Buch »Geborgen und frei. Mystik als Lebensstil«, München [5]2012, finden sich 50 weitere Filme, die ich sehr schätze und die ich in Verbindung gebracht habe mit Kernaussagen von 30 Mystikerinnen und 30 Mystikern.

Weiterführende Literatur

All jenen, die sich gerne kompetent über die aktuellen Kinofilme informieren möchten, empfehle ich die Filmdienst-Zeitschrift, die alle zwei Wochen erscheint. Sie hat mich auch beim Schreiben dieses Buches sehr inspiriert:

FILMDIENST, Heinrich-Brüning-Straße 3,
D-53113 Bonn
Tel. 0228/26 000 251
E-Mail: vertrieb@filmdienst.de I www.filmdienst.de

Bücher, die den Entstehungsweg eines Films ausdrücken, helfen mir, die Tiefendimension eines langen Weges zu erkennen. Bücher, in denen ich der Frau, dem Mann hinter der Kamera begegnen kann, unterstützen mich, den Film ein zweites Mal neu entdecken zu können:

Bergman, Ingmar: Fanny und Alexander, Berlin 1988.
Bergman, Ingmar: Laterna Magica. Autobiografie, Berlin 2011.

Binotto, Thomas: Getrickst & abgedreht. Filmgeschichten für Kinofans, Berlin 2010.

Binotto, Thomas: Mach's noch einmal, Charlie!
100 Filme für Kinofans (und alle, die es werden
wollen), Berlin 2007.

Blum, Katharina: Juliette Binoche. Die unnahbare
Schöne, München 1995.

Dörrie, Doris: Kirschblüten – Hanami. Ein Filmbuch,
Zürich 2011.

Fellini, Federico: Amarcord. Idee und Drehbuch von
Federico Fellini, Zürich 1974.

Fitz, Florian: Vincent will Meer. Das Drehbuch,
Stuttgart 2012.

Frère, Jean-Pierre/Ballet, Nicolas: L'esprit de
Tibhirine, Paris 2012.

Gilmour, David: Unser allerbestes Jahr, Frankfurt am
Main [7]2010.

Keats, John: Bright Star. Die Geschichte von John
Keats und Fanny Brawne, mit einem Vorwort von Jane
Campion, Frankfurt am Main und Leipzig 2009.

Kieslowski, Krzysztof/Piesiewicz, Krzysztof: Dekalog.
Zehn Geschichten für zehn Fime, Berlin 1997.

Kirsner, Inge/Böhm, Thomas H.: Wo finden wir die
blaue Fee? Spiritualität im Film, Münsterschwarzach
2008.

Jehle, Alexander: TrotzDem. Hohenems – Wien –
Vaduz 2014

Truffaut, François: Mr. Hitchcock, wie haben Sie das
gemacht?, München [5]2003.

Wach, Margarete: Krzysztof Kieslowski. Zufall und
Notwendigkeit, Edition Filmdienst, Marburg,
2. verbesserte und ergänzte Auflage 2014.

Wiebel, Martin (Hg.): Hannah Arendt: Ihr Denken
veränderte die Welt. Ein Buch zum Film von Margarethe von Trotta, München – Zürich 2012.

Würth-Stutz, Ursula: Gedichte im Jahreskreis.
Erschienen im Eigenverlag, Ehrendingen 2015.

Meine Film-Besinnungsseminare

In Deutschland, Österreich und der Schweiz gestalte ich regelmäßig Filmbesinnungswochenenden: In der Gruppe schauen wir uns miteinander am Freitagabend und am Samstagnachmittag je einen Kinofilm an. Nach einer persönlichen Vertiefungszeit ist zuerst ein Austausch in Kleingruppen und danach im Plenum vorgesehen. Miteinander suchen wir den Bezug zum eigenen Leben und zu einer spirituellen Spur im Film.

Konkrete Termine finden sich in der Rubrik »Vorträge/ Kurse« auf meiner Homepage (www.pierrestutz.ch), Prospekte und Anmeldungen direkt im Bildungshaus:

Deutschland (Februar/März)

Haus Ohrbeck, Am Boberg 10,
D-49124 Georgsmarienhütte (bei Osnabrück)
Tel. 0049/5401/3360
www.haus-ohrbeck.de

Schweiz (September)

Kloster Kappel, Kappelerhof 5,
CH-8926 Kappel am Albis
Tel. 0041/44/764 88 30
www.kursekappel.ch

Österreich (November)

Bildungshaus St. Virgil, Ernst-Grein-Str. 14,
A-5026 Salzburg-Aigen
Tel. 0043/662/65901-0
www.virgil.at